省力成功法

陳博祥 著

◎你的社交方式，讓你錯過了多少機會？
◎為什麼你說的話，總是沒人當一回事？
◎你還在等「準備好」才要開始行動嗎？

創造成功的從來不是奇蹟，而是方法！
從現在開始克服內在阻力，把想法變成實際成果

目錄

前言 …………………………………………005

第 1 堂課　讓人際關係更和諧的技巧 ………007

第 2 堂課　提升優雅氣質，打造迷人形象 …027

第 3 堂課　語言的魅力 ……………………043

第 4 堂課　培養樂觀心態，擁抱快樂人生 …069

第 5 堂課　擺脫憂慮，掌控人生 …………087

第 6 堂課　確立方向，目標是成功的關鍵 …107

第 7 堂課　把握良機，化不可能為可能 …123

第 8 堂課　行動勝於心動，實踐勝於空想 …137

第 9 堂課　贏得友誼的關鍵 ………………155

目錄

第 10 堂課　處世之道的關鍵法則……………177

第 11 堂課　有效管理工作與財務……………199

第 12 堂課　委婉指正，不傷人自尊……………219

第 13 堂課　家是幸福的起點……………239

第 14 堂課　溝通與表達的藝術……………265

前言

　　戴爾・卡內基（Dale Carnegie，西元 1888 年－ 1955 年）是美國知名的心理學家與人際關係專家，他的一生雖然充滿挑戰，但最終獲得卓越的成就。童年時，他在農村長大，每天幫忙家中擠牛奶、砍柴、餵養牲畜，只有在夜晚才能在微弱的煤油燈光下刻苦學習。畢業後，他曾為公司銷售鹹肉、肥皂和動物油脂，奔走於印第安村落之間。他學過戲劇表演，卻未能在戲劇界闖出名堂；他嘗試銷售卡車，卻因對機械知識不足而失敗……然而，這些多樣的職場經歷，使他累積了豐富的人生體驗，也讓他透過大量的觀察與案例分析，深入洞察「人性的弱點」。

　　卡內基從日常生活中發掘成功的契機，找到了克服人性弱點、建立良好人際關係的關鍵。他將自己多年來的經驗與體悟整理成書，撰寫了經典著作《如何贏得朋友並影響他人》（How to Win Friends and Influence People）。這本書不僅是卡內基人際關係理論的精華，也是他對人生智慧的深刻總結。

　　他不僅透過書籍分享見解，還開設培訓課程，致力於幫助人們改善人際關係，提升個人成就。他的思想與智慧深受推崇，被譽為「世界最偉大的成功學大師」、「成人教育的先驅」，更是「成功學的奠基人」。

前言

　　本書精選卡內基一生的成功經驗，融合《成功有效的團體溝通》(*The Quick and Easy Way to Effective Speaking*)、《如何贏得朋友並影響他人》(*How to Win Friends and Influence People*)、《新世紀領導人》(*The Leader in You*)、《如何停止憂慮重新生活》(*How to Stop Worrying and Start Living*)等經典著作的核心內容，為年輕人提供廣闊的視野與成長指南。

　　透過本書的學習，讀者能更深入了解自己，突破自我設限，建立自信，發掘自身潛能，進而創造充滿希望與成功的人生。

　　這是一本為年輕人量身打造的勵志讀物。卡內基始終關心年輕人的成長，他結合自身經歷，提出許多極具智慧與價值的建議，為世人提供寶貴的人生指引。只要掌握這些知識，並且付諸實踐，相信每一位年輕人都能在人生道路上邁向成功。

　　數以千萬計的年輕人因卡內基的著作受益匪淺，走出了迷惘與困境，迎向幸福與成就。希望讀者能透過本書，更加了解自己、相信自己，發掘內在無限的潛能，進而創造光明而輝煌的人生。

第 1 堂課

讓人際關係更和諧的技巧

要使別人喜歡你,首先你必須改變對人的態度,保持輕鬆自然的狀態,面帶笑容,這樣才能讓人對你產生好感。

—— 卡內基

1. 微笑 —— 建立好感的第一步

卡內基曾說:「行為勝於言論,對人微笑就是向人表明:『我喜歡你,你讓我感到快樂,我樂於見到你。』」在人際交往中,微笑就像磁鐵一般,能夠迅速拉近彼此距離,讓人不自覺地對你產生好感。

微笑不僅能促進良好的人際關係,還能提升個人魅力,甚至改變整體氛圍。

有一次,卡內基參加芝加哥的一場宴會,其中一位貴婦特意精心打扮,希望能讓人留下深刻印象。她佩戴著昂貴的珍珠、首飾和裘皮大衣,外在光鮮亮麗,卻始終不帶笑容,面容

僵硬而冷漠，讓人難以親近。她未意識到，真正讓人喜愛的，並非昂貴的服飾，而是發自內心的笑容與親和力。

企業家查爾斯・史考伯（Charles Scob）曾說，他的微笑價值百萬美元。這並非誇張之詞，而是他成功的關鍵。透過微笑建立親和力，他得以在競爭激烈的商場中站穩腳步，為公司贏得信譽與財富。

微笑的感染力

微笑具有強大的感染力——孩子純真的微笑讓人想到天使，父母的微笑帶來溫暖，祖父母的微笑則充滿慈愛。就連動物的行為也展現出微笑的力量，例如小狗見到主人時興奮搖尾的模樣，總能讓人感到開心與放鬆。

微笑可以傳遞溫暖和善意。對親人微笑，能讓他們感受到你的關懷；對朋友微笑，能讓彼此的情誼更加深厚；對陌生人微笑，則能化解隔閡，讓彼此更容易交流。微笑是一種無需翻譯的語言，無論身處何地，都能發揮奇妙的作用。

微笑的健康效益

微笑不僅對人際關係有幫助，還有助於健康。醫學研究指出，精神病患者很少微笑，而罹患疾病或承受壓力的人，也較難發自內心地笑。然而，笑本身卻是最好的療癒良方。

1. 微笑—建立好感的第一步

美國加州大學的諾曼・卡森斯（Norman Cousins）曾罹患膠原病，康復機率僅為 1/500，但他卻奇蹟般地痊癒。他在《笑退病魔》(*Anatomy of an Illness*) 中提到：「如果負面情緒會導致身體的不良化學變化，那麼正面的情緒應該也能產生正向的化學反應。愛、希望、信仰、笑聲、信任與對生命的渴望，都具有醫療價值。」

卡森斯發現，笑的治癒效果驚人：「如果能夠發自內心地大笑十分鐘，就能產生類似鎮痛劑的作用，至少能減輕疼痛兩個小時，幫助入睡。」可見，笑聲不僅能改善情緒，還能促進健康。

微笑的成功祕訣

美國旅館業巨擘康拉德・希爾頓（Conrad Hilton）於 1919 年投入 12,000 美元創業，開啟他的旅館生涯。當他的資產增值至數千萬美元時，他興奮地向母親分享這個成就。然而，母親卻平靜地說：「你和以前沒有太大的不同……你應該把握比金錢更珍貴的東西。除了誠信對待顧客之外，還要找到一種簡單、持久、不花成本，卻能吸引顧客回流的方法。」

經過一番思考與實踐，希爾頓找到了答案——「微笑服務」。

這個經營策略讓希爾頓獲得了極大成功。他每天都會問員工：「你今天對顧客微笑了嗎？」即使在經濟大蕭條時期，他仍然提醒員工：「無論我們面對多少困難，希爾頓旅館的員工臉上，永遠都要有屬於顧客的微笑。」這個信念，使他成功度過最

艱難的時刻，並帶領旅館業進入輝煌時代。

微笑不僅能成就旅館業，對所有行業和人際關係來說，都具有同樣的影響力。生活中的煩惱，也能透過微笑來轉化與解決。

讓微笑成為你的習慣

無論你現在的工作是什麼、身處何地，或正經歷何種挑戰，都請用微笑去面對，因為微笑能讓你的人生之路更加順遂。

微笑是內心的流露，代表你對生活的熱愛與投入。而對生活充滿熱情，正是成功的第一步。微笑能讓你散發親和力，讓你在人際互動中更加受歡迎。

即使在心情低落時，也請嘗試微笑。哪怕是刻意的微笑，都能產生正向的心理暗示，讓大腦相信：「我是快樂的！」

養成微笑的習慣，每天早晨對著鏡子練習微笑。即便一開始需要刻意為之，但當微笑成為你的習慣後，你將發現，整個世界也會因你的笑容變得更加美好。

2. 向世界施予善意

奧地利心理學家阿爾弗雷德・阿德勒（Alfred Adler）在其著作《自卑與超越》（*What Life Should Mean to You*）中寫道：「一個不關心別人、對別人不感興趣的人，將在生活中遇到重重阻

礙，並可能對他人造成極大的傷害。人類的失敗，往往源於這類人。」這句話深刻揭示了人際關係的重要性，也點出了關心他人對於個人成長與社會和諧的影響。

生活是一面鏡子

世界就像一面鏡子，你微笑，它也回報微笑；若你總是冷漠待人，世界也會顯得灰暗無趣。因此，在生活與工作之餘，多為他人著想，不僅能減少自我煩憂，還能擴展人際關係，為自己帶來更多快樂與友誼。

美國密蘇里州春田市的波頓先生便深刻體會到「多為別人著想」的價值。他曾分享自己的故事〈我如何快樂起來〉，感動了無數人。

波頓年幼時喪母，12歲時又失去父親，與弟弟成為無依無靠的孤兒。因為沒有人願意撫養他們，兄弟倆只能依靠鎮上的居民接濟。波頓曾在一個貧困家庭寄住，但由於經濟拮据，他最終又被送到一位名叫羅福亭的農夫家。羅福亭對他說：「只要你誠實、不說謊、不偷竊，願意努力工作，你就可以一直住在這裡。」這些話成為波頓的人生準則。

然而，學校的生活並不容易，其他孩子嘲笑他的長相，戲弄他是「小臭孤兒」，讓他深感自卑與孤獨。有一次，一名同學甚至將雞糞丟到他臉上，他氣憤難耐，動手教訓了對方。意外的是，這場打架讓他贏得了幾位朋友的支持，但他仍然覺得人

第 1 堂課　讓人際關係更和諧的技巧

際關係充滿挑戰。

一天，羅福亭太太給了他一個建議：「如果你願意對同學展現關心，並且試著為他們做些事情，他們就不會再欺負你，而是會視你為朋友。」波頓開始主動幫助同學，協助寫作業、指導學習，漸漸地，他從受排擠的對象變成班上的焦點，大家開始尊敬他、信任他。他不再是「小臭孤兒」，而是大家願意親近的朋友。

後來，他更進一步幫助社區裡的寡婦與年長者，每天上下學途中，順道為她們劈柴、擠牛奶、餵養牲畜。多年後，當他從海軍退伍回家時，有超過 200 位鄉親前來迎接他，有人甚至從 80 英里外驅車而來。他的付出不僅讓自己的人生變得充實，更讓他贏得了真正的友誼與尊重。

你對別人的態度，決定了別人如何對待你

無論你的處境如何，每天都會與許多人相遇，你是否曾真心關心過他們？

郵差每天風雨無阻為你送信，你是否曾問候他：「今天雨下那麼大，你會不會冷？」你是否曾問候那些每天會出現在你的生活中的基層人員？這些人都有他們的煩惱、夢想與人生故事，他們也渴望被關心、被理解。

關心他人，不必等到成為社會改革者或慈善家，你可以從

日常生活開始。從明天早上起，對周圍的人展現善意，你將發現世界也會回報你更多的溫暖。

友善待人，世界將以溫暖回應

如果我們明白，每句話都會帶來對應的回應，我們就應該更有意識地選擇自己的言行。正如鏡子反映我們的笑容，山谷回應我們的呼喚，人際關係亦是如此——你付出善意，便會得到善意的回應；你若以冷漠待人，世界也將回報以冷漠。

試想，當你對孩子大吼，他可能會害怕哭泣；但若你陪他遊戲，他則會展露笑顏。人與人之間的互動，就是如此簡單——你給予善意，對方也會以善意回應。

施予善意是一種快樂，而非責任

「為別人做好事」並非一種義務，而是一種快樂的來源。當你關心他人時，你的內心會感到充實；當你付出善意時，快樂與健康也會隨之而來。

許多研究顯示，助人為樂的行為能夠提升幸福感，甚至對健康有正面影響。一個簡單的微笑、一句關懷的話語，或是伸出援手，這些看似微小的行動，卻能帶來巨大的改變，不僅改變他人，也改變自己。

3. 學會將心比心，體諒他人

成功人士的成功祕訣往往源於簡單的法則——學會換位思考。如果希望在人際關係或事業上取得成就，就必須改變思考方式，嘗試從他人的視角來看待問題。當你能夠理解對方的立場，便能更從容地應對各種挑戰，最終建立和諧的人際關係，並收穫成功的果實。

理解他人，才能獲得真正的支持

肯尼斯・M・古德（Kenneth M. Goode）在《*How to Turn People into Gold*》一書中提到：「停下來想一分鐘——當你關心自己的事情遠遠超過對他人的在意時，請冷靜地比較一下，你會發現世界上的其他人也是如此。理解這一點，你便能像亞伯拉罕・林肯與富蘭克林・羅斯福那樣，抓住事業成功的核心要素——同理心。」

這段話深刻地點出了人際溝通的本質——學會站在對方的立場思考，才能獲得真正的理解與支持。

卡內基的啟發——換個方式與人溝通

多年來，卡內基經常在家附近的公園散步與騎馬，因而對那片樹林產生了深厚的感情。當他得知森林發生火災時，內心

3. 學會將心比心，體諒他人

總是極為難受。這些火災通常是由於吸菸者的疏忽，或是孩童野餐時不慎引起的。雖然公園內有告示警告違規生火的後果，但由於位置偏僻，極少有人注意到。

起初，卡內基看到孩子們在林中生火，總是立刻走過去，以嚴厲的口吻制止，並警告他們：「如果再這樣做，你們會被關進監獄！」然而，這種強硬的態度並未達到效果。孩子們表面上服從，但當他離開後，仍舊偷偷點燃篝火，甚至還有人故意縱火報復。

多年後，卡內基開始意識到，與人溝通時應該採取更具親和力的方式。他不再命令孩子們，而是換了一種策略：「小朋友，你們在玩得開心嗎？我小時候也喜歡這樣生火野餐，那真是一段美好的回憶！不過，你們知道嗎？如果火沒有完全熄滅，風吹過來可能會引燃乾枯的落葉，最後導致整片森林被燒毀。當然，我知道你們都很聰明，不會讓這種事發生。但其他的孩子呢？他們可能沒有像你們這麼細心。所以，如果你們想玩火，建議你們到沙地那邊，這樣就不會有危險了。而且記得離開時用泥土蓋住火堆，好嗎？」

這種語氣親切、尊重孩子們的感受，不僅讓他們樂意配合，也真正避免了森林火災的發生。

第1堂課　讓人際關係更和諧的技巧

人際互動更順暢

在處理事情時,如果能設身處地為對方著想,並從對方的觀點來看待問題,便能促進彼此的理解與合作。

有一個故事生動地展現了換位思考的重要性。

一名囚犯被單獨監禁,當局甚至沒收了他的鞋帶與腰帶,以防止他自殘。某天,他透過牢門的小窗,看見站崗的衛兵正悠閒地抽著萬寶路香菸。囚犯非常渴望來一支,於是禮貌地敲了敲門,懇求衛兵給他一根菸。衛兵冷漠地拒絕,轉身離開。

這名囚犯並未放棄,他換了一種策略,帶著威嚴的語氣再次敲門,並對衛兵說:「請給我一支菸,否則我會用頭撞牆,直到鮮血直流,失去知覺。如果獄方發現我受傷,一定會追究你的責任,你將不得不參加數不清的聽證會,填寫大量報告,並接受一連串的調查。僅僅因為一根香菸,你會惹上一堆麻煩,值得嗎?」

衛兵聽後,立刻從小窗遞給他一根菸,甚至主動幫他點上。這名囚犯之所以能夠達成目標,正是因為他站在衛兵的立場思考,巧妙運用了心理戰術,使對方在不知不覺中改變了態度。

這個故事告訴我們,當我們在人際互動中轉換思維,設身處地理解對方的立場,往往能夠產生意想不到的效果。

3. 學會將心比心，體諒他人

人生更加順遂

如果你希望改善人際關係、提升溝通技巧，就必須學會從對方的角度看問題。當你開始這樣做時，便能體會到他人的難處，減少衝突，增進理解。

試問，當你與人發生爭執時，是否曾停下來思考：「如果我是他，會怎麼看待這件事？他的困難是什麼？」當你能夠理解對方的需求與感受，便能夠找到最合適的解決方案，讓彼此皆大歡喜。

許多成功人士都擅長換位思考，因為他們明白，與人為善、設身處地替對方著想，能讓自己走得更遠。

學會同理，成為更受歡迎的人

換位思考不僅能讓你在人際關係中如魚得水，還能幫助你應對各種挑戰。

在日常生活中，你可以嘗試：

1. 與人溝通時，先試著理解對方的需求，再表達自己的想法。

2. 面對衝突時，換個角度思考，找出雙方都能接受的解決方案。

3. 當朋友或同事遇到困難時，提供適時的關懷與幫助。

這些小小的改變，將大大提升你的社交能力，讓你成為更受歡迎的人。

4. 尊重對方，給予體面

在人際關係中，保留對方的面子是一項至關重要的原則。然而，許多人卻常常忽略這一點。即使我們是對的，而對方犯了錯，若未能顧及對方的尊嚴，可能會讓一個人失去自信，甚至破壞彼此的關係。因此，懂得如何讓對方保持體面，既能維護對方的尊嚴，也能促進良好的人際互動。

奇異公司巧妙調整職位 —— 讓人才發揮所長

美國奇異公司（General Electric）曾遇到一個棘手的問題——如何調整斯泰因梅茨（Charles Proteus Steinmetz）的職位。

斯泰因梅茨在電學領域堪稱頂尖人才，然而，他卻被任命為會計部門主管，這完全不符合他的專業，也影響了公司的運作。由於他極具才華且敏感，公司不敢直接撤換他的職位，以免影響士氣或讓他感到受辱。於是，公司決定為他設立一個新職銜——顧問工程師，並由其他人接手會計部的管理。

這個調整讓斯泰因梅茨感到滿意，他不僅保留了自己的尊嚴，也能夠在專長領域發揮更大作用。同時，奇異公司也順利解決了管理上的問題，實現了雙贏的局面。這正是體現「顧全對方面子」的重要性既解決問題，又維持良好關係。

4. 尊重對方，給予體面

以尊重的方式辭退員工，讓人離開時仍懷感激

企業管理中，辭退員工往往是最困難的決策之一。如果處理不當，不僅可能讓員工心生怨懟，還可能損害公司的聲譽。然而，一些成功的管理者懂得如何在辭退員工時，仍然讓對方感到尊重與體面。

某位公司經理分享了他的經驗：由於業務有淡旺季，每年三月，他都需要解聘一批臨時員工。以往，他總是直接對員工說：「現在淡季到了，公司已無需額外人手，相信你也早有心理準備。」這種直接的辭退方式，讓員工感到失落與無奈，甚至對公司產生不滿。

後來，他改變了做法，開始在解聘員工時，先肯定他們的工作表現，並表達誠摯的感謝：「這一季，你的表現非常優秀。我們特別欣賞你在某某專案上的努力，公司能有你這樣的員工，真的很幸運。希望你有空時能常來看看我們，未來如果有機會合作，我們非常樂意再次邀請你加入。」

這種方式不僅讓員工離開時心情較為愉快，也讓他們對公司保持好感，願意在未來再次合作。當一個人離開時仍懷抱感激，這便是顧全對方面子的最佳體現。

第 1 堂課　讓人際關係更和諧的技巧

避免公開羞辱，才能維持良好職場關係

在企業管理中，若忽略員工的尊嚴，可能會帶來不可逆轉的損害。

某家公司在開生產會議時，副總裁憤怒地質詢生產部主管，質問生產管理上的問題，並當眾斥責對方。這讓主管感到極度難堪，當場無法回答。最終，他選擇離開公司，並在幾個月後轉投競爭對手。據悉，他在新公司表現得相當出色，這顯示了他並非無能，而是當初的管理方式造成了不必要的人才流失。

相較之下，另一位管理者則選擇了更溫和且尊重對方的方式來處理。某位市場調查員在提交報告時，因為計畫出錯，導致整個調查結果不具參考價值。她本以為會遭到主管的嚴厲指責，然而，主管卻先肯定她的努力，並告訴她：「任何新計畫都有可能出錯，這是正常的。我相信妳有能力改正，下一次一定能做得更好。」這番話不僅保護了她的自尊，也讓她充滿動力，下定決心在未來避免類似失誤。

這兩個案例充分展現了「顧全對方面子」在職場中的影響——一個不顧及對方尊嚴，導致優秀人才流失；另一個則巧妙保護員工的自尊，讓員工更有動力進步。

4. 尊重對方，給予體面

歷史中的智慧 —— 即使戰勝，也給對手保留尊嚴

真正偉大的人，往往懂得如何讓對手保留尊嚴，避免不必要的敵意。

1922 年，土耳其與希臘的戰爭結束後，土耳其獲得勝利。當希臘將軍向土耳其總統穆斯塔法・凱末爾・阿塔圖（Mustafa Kemal Atatürk）請降時，沿途受到土耳其民眾的辱罵。然而，凱末爾並未趁機羞辱他們，而是握著兩位將軍的手，並溫和地說：「請坐，你們一定很疲倦。」

他在談話中刻意避免使用「戰敗」等字眼，而是以競技比賽的方式形容戰爭：「戰爭就像一場比賽，有時候，即使是強者也會遭遇失敗。」這番話不僅讓希臘將軍保住了尊嚴，也成功化解了戰後的敵對情緒，為兩國關係的未來發展埋下了和平的種子。

這正是「顧全對方面子」的最高境界 —— 即使身處優勢，也不讓對方感到屈辱，而是以尊重與寬容的方式處理局勢。

為別人留餘地，就是為自己鋪路

人際關係中，留給對方體面，就是為自己開創更順暢的未來。無論是職場管理、商業合作，還是日常社交，尊重他人的自尊心，都能讓彼此的關係更長久、更穩固。

試著在日常生活中：

1. 當別人犯錯時，不當眾指責，而是私下溝通，給對方補救的機會。

2. 在給予批評時，先肯定對方的優點，然後再溫和地指出需要改進的地方。

3. 在勝利或取得優勢時，避免貶低對手，而是展現風度與寬容。

這些小小的細節，將讓你在各種人際互動中，獲得更多的尊重與支持。

5. 用「我們」縮短心理距離

在人際溝通中，巧妙地運用「我們」這個詞，能夠有效縮短心理距離，促進彼此間的感情交流，使對話更加親切、和諧。這種語言技巧不僅有助於建立團隊精神，也能讓對方產生歸屬感與認同感。

「我們」帶來歸屬感

有一則趣味橫生的笑話能夠生動地說明「我們」對關係的影響——

一對新婚夫妻，妻子對丈夫說：「從現在開始，不能再說『你的』或『我的』，而要說『我們的』。」丈夫點頭同意。

5. 用「我們」縮短心理距離

過了一會兒,妻子問:「親愛的,我們今天要去哪裡?」

丈夫回答:「去我表姐家。」

妻子不悅地糾正道:「應該說『我們表姐家』。」

過了一會兒,丈夫去浴室剃鬍子,久久未出來。妻子關心地問:「親愛的,你在裡面做什麼?」

丈夫幽默地回應:「我在刮我們的鬍子。」

這則笑話雖然誇張,但卻道出了「我們」這個詞的潛在影響力——它能夠營造共同體的意識,讓雙方覺得彼此是緊密相連的。

語言影響心理──「我們」的力量

在新聞採訪中,我們經常聽到記者這樣提問:「請問我們這項計畫的進展如何?」、「請問我們的公司對此有何看法?」這種說法讓受訪者感受到記者與其站在同一陣線,而非對立關係,因此更願意分享資訊。

同樣地,演講者也常用:「我們是否應該這樣做?」、「讓我們一起努力!」這類表達方式,讓聽眾感受到自己也是其中的一部分,而非被單方面指導,進而激發更高的參與度。

反之,如果演講者說:「你們應該這樣做」,則容易讓人產生距離感,甚至產生抵觸情緒。因此,在說服他人時,善用「我們」能讓對方更容易接受你的觀點。

「我」字過多，會讓人感到反感

語言不僅是溝通的工具，也影響著他人對我們的觀感。

如果一個人在談話中不斷強調「我」，如「我的公司」、「我的想法」、「我的成功」，這樣的表達方式容易讓人覺得他過於自我中心，缺乏團隊合作精神。

有一次，在一場社交聚會上，一位先生在短短三分鐘內說了三十六次「我」。他的朋友聽完後幽默地對他說：「真遺憾，你失去了你所有員工。」

那位先生愣了一下，問：「我的員工都還在公司工作，怎麼會說我失去了他們？」朋友笑著說：「難道你的這些員工與公司沒有任何關係嗎？如果你一直只談『我』，那你的員工可能很難對公司產生歸屬感。」

這也呼應了美國福特汽車公司（Ford Motor Company）董事長亨利・福特二世（Henry Ford II）曾說過的話：「一個滿嘴『我』的人，是一個不受歡迎的人。」當我們在交談中過度使用「我」，很容易在無意間築起一道心理屏障，使他人覺得我們過於自負，從而降低對我們的認同感。

溝通技巧 —— 如何有效運用「我們」

如果想讓對話更具親和力，不妨嘗試以下幾點建議：

5. 用「我們」縮短心理距離

(1) 盡量用「我們」代替「我」

在許多場合，你可以將「我」改為「我們」，這樣能拉近彼此的距離，讓對方感受到歸屬感。例如：

將「我建議下午三點開會」改為「下午三點，我們開個會，好嗎？」

(2) 用「我們」開頭，增強團隊意識

假設你在員工大會上說：「我最近做了一項調查，發現40％的員工對公司有不滿情緒。我認為這些不滿情緒……」

這種說法可能讓員工覺得這是你的個人觀點，缺乏團隊共識。

若改為：「我們最近做了一項調查，發現40％的員工對公司有不滿情緒。我們應該一起思考解決方案……」

這樣的說法能讓員工感受到公司與自己是命運共同體，進而更願意投入解決問題。

(3) 當不得不使用「我」時，保持語氣平和

有時候，某些場合仍需要使用「我」，但應注意避免過度強調自我。例如：

將「我個人認為這個計畫是最好的」改為「我們可以考慮這個計畫，它可能是最合適的選擇。」

此外，當你不得不使用「我」時，應保持語氣平和，避免強勢語氣或自吹自擂的態度。例如，避免在說話時眉飛色舞、語氣誇張，這樣容易讓人覺得你過於自負。

第 1 堂課　讓人際關係更和諧的技巧

「我們」建立團隊精神，讓溝通更有效

在團隊合作中，「我們」能夠帶來更強的凝聚力。

試想，如果一位領導者總是說：「我讓這個專案成功」，會讓員工覺得自己的貢獻被忽略，導致士氣低落。

但若領導者改為：「我們的團隊努力讓這個專案成功」，員工則會感受到被尊重，進而更願意投入工作。

不論是公司管理、團隊合作，甚至是日常交談，適時使用「我們」這個詞，能夠讓人際互動更順暢，讓彼此更願意合作與分享。

第 2 堂課

提升優雅氣質，打造迷人形象

參加社交宴會時，得體的舉止不僅能提升你在賓客間的形象，還能讓主辦方對你留下良好印象，這對任何人而言，都是百利而無一害的。

—— 卡內基

1. 請穿著得體的服飾

威廉‧莎士比亞（William Shakespeare）曾說：「服飾往往能展現一個人的性格。」服裝不僅能美化儀表，還能提升氣質，影響他人對你的第一印象。在社交場合中，選擇合適的服飾，不僅能夠增強自信，也能幫助你在人際交往中留下深刻印象。

服裝作為一種社交禮儀，能夠傳達個人的社會地位、文化品味與審美情趣。不同的場合需要不同的服飾搭配，學會穿著得體，能讓你在職場與社交生活中更加得心應手。

第 2 堂課　提升優雅氣質，打造迷人形象

服飾搭配的基本原則

（1）色彩搭配的技巧

　　色彩搭配應該講求和諧，通常可以依照色調的明暗程度來搭配。例如，同一色系的深淺變化，能夠營造穩重而不單調的效果。此外，對比色的運用能夠讓服裝更加鮮明，但應避免過於刺眼的搭配，以免影響整體美感。服裝的顏色選擇還應根據配件、季節、年齡與場合來調整，確保整體造型協調自然。

（2）與自身條件相符

　　選擇服飾時，應考慮自身的身形特徵。例如，身材較高瘦者，宜選擇剪裁流暢的服裝，但應避免垂直線條與緊身設計，避免讓身形顯得更加纖細。同時，可選擇明亮色系來平衡視覺比例。相反，較矮小的身形適合選擇垂直線條的服飾，來拉長身形比例，避免穿著過於寬鬆或過度分割身體高度的服裝。

（3）服飾應符合場合

　　不同的場合有不同的穿搭要求。例如，休閒活動可選擇舒適簡約的服飾；職場場合則應注重專業形象，選擇整潔、正式的服裝；社交宴會對於服裝的要求最為嚴格，應根據場合性質選擇適當的服飾，以展現得體的社交禮儀。

（4）展現個人風格

　　服裝能夠反映一個人的內在氣質，因此應注重展現個性。然而，應避免過於浮誇或怪異的服飾，因為奇裝異服往往難以

在正式場合中留下良好印象。如果是在求職面試等正式場合，選擇合適的服裝更是影響成功率的重要因素之一。

(5) 與時節相呼應

服飾選擇應根據季節調整。例如，春秋季適合中性色調的服飾；冬季可選擇深色系來增強穩重感；夏季則建議選擇輕薄材質與淡雅色系的服裝，以營造清爽舒適的形象。

男士著裝禮儀

(1) 西裝剪裁與搭配

長度：西裝上衣的下擺應與手臂自然下垂時的虎口平行，袖長應略長於手腕 1 至 2 公分，褲長則應剛好觸及鞋背。

襯衫：正式場合應選擇素色襯衫，白色是最經典的選擇。襯衫的領口應挺直，袖扣應扣好，袖長略長於西裝袖口，以增加層次感並保護西裝。

領帶：領帶長度應以其尖端剛好觸及皮帶扣為宜。顏色與圖案應與西裝、襯衫相匹配，並保持適當的寬度。領帶夾應固定在襯衫第四顆鈕扣的位置，避免過於顯眼。

扣法：雙排扣西裝應全部扣上；單排扣西裝可根據扣數選擇合適的扣法，例如三顆扣的款式通常只扣中間一顆。

(2) 鞋襪搭配

西裝應搭配正式皮鞋，最常見的是黑色皮鞋。若穿著米色

第 2 堂課　提升優雅氣質，打造迷人形象

或咖啡色西裝，可選擇深褐色皮鞋，但應避免淺色鞋款。襪子應與褲子或鞋子顏色相近，正式場合建議穿著長筒襪，以避免露出皮膚或腿毛，影響整體形象。

女士著裝禮儀

正式場合：女士應選擇合適的長裙或套裝，裙長至少及膝。正式場合適合穿著西裝套裙，避免過度暴露的服裝，例如無袖或過短的裙裝。若穿裙裝，應搭配長絲襪，避免露出襪口或內衣邊緣。

職場穿搭：可選擇襯衫搭配裙裝或套裝，鞋款應以平底鞋為主，避免運動鞋或涼鞋，以維持專業形象。

社交宴會：可根據場合選擇合適的禮服，例如旗袍、晚禮服或正式套裝。旗袍可搭配金銀飾品、珍珠或瑪瑙等飾品，鞋款則建議選擇高跟鞋或與服裝色調相近的鞋款。

休閒服裝搭配

休閒服裝的選擇相對自由，但仍應符合個人形象與場合需求。例如，休閒西裝、襯衫與素色 T 恤皆是良好的選擇。鞋款可選擇平底鞋或無扣便鞋，但應避免過於隨意的穿搭，例如拖鞋或運動服，尤其是在半正式場合。

打造迷人形象，提升個人魅力

無論男女，塑造迷人的形象都需要從細節做起。不僅是服裝、儀態、言行舉止同樣影響個人魅力。保持衣著整潔、注重服飾細節、根據場合選擇合適的穿搭，這些都能幫助你在人際交往中更加自信，展現優雅得體的風采。

2. 保持良好儀容

在人際交往中，良好的儀容不僅是給人的第一印象，還會影響他人對你的整體評價。因此，保持整潔得體的外表，不僅是對他人的尊重，也是對自己的負責。適當的修飾與整理，能夠幫助我們在人際互動中更加自信，讓他人對我們留下更好的印象。

儀容影響成敗

1960 年 9 月，美國總統候選人約翰・甘迺迪（John F. Kennedy）與理查・尼克森（Richard Nixon）進行了一場歷史性的電視辯論。當時，許多評論家認為尼克森在政治經驗與電視演講技巧上占據優勢，然而，最終的結果卻出人意料，甘迺迪贏得了這場辯論，也為自己奠定了勝選的基礎。

其中一個關鍵因素，就是兩人在螢幕上的形象差異。甘迺

第 2 堂課　提升優雅氣質，打造迷人形象

迪在辯論前充分準備，不僅練習了演講技巧，還特地到海灘曬太陽，使自己在鏡頭前顯得精神飽滿、容光煥發。而尼克森則沒有聽從電視導播的建議，且因為身體不適顯得疲憊，再加上錯誤地使用了過深的化妝粉，使他的形象在螢幕上顯得蒼白而疲累。結果，電視觀眾普遍認為甘迺迪更具領袖風範，從而影響了選舉結果。

這場辯論充分證明了儀容對個人形象的重要性，無論在社交場合、職場或是公開演講，良好的儀容都能幫助我們展現自信與魅力。

面部清潔與個人衛生

（1）保持臉部整潔

面部的整潔是最基本的禮儀。一張乾淨清爽的臉龐能夠讓人感到舒適與信任，因此，每天早晚應養成洗臉的習慣，必要時可隨時補充清潔，特別是在外出或流汗後。此外，不同的部位應該進行適當的修飾，以確保整體形象的完美。

眼睛：眼屎會影響整潔感，應及時清除。眉毛若顯得雜亂，可適當修整，但不宜過度修剪。戴眼鏡者應保持鏡片清潔，避免污漬影響視線與形象。

耳朵：耳垢雖然不容易被發現，但仍應定期清潔。洗臉或洗澡時，別忘了順便清洗耳朵及耳後部位。此外，若耳毛過長，

應適當修剪，以保持整潔。

鼻子：鼻毛若露出，會影響形象，因此應定期修剪。但應避免在公共場合拔鼻毛，這是不雅的行為。此外，應保持鼻腔清潔，避免異物堵塞或鼻涕流出，也不要在公共場合頻繁吸鼻子或挖鼻孔。

口腔與牙齒：口氣清新是社交禮儀的一部分，應養成飯後漱口的習慣，並使用牙線與漱口水來維持口腔健康。避免在重要場合前食用氣味濃烈的食物，如蔥、蒜或臭豆腐。男士應定期剃鬍，女士若有較明顯的汗毛，則可透過適當方式處理，以保持儀容整潔。

髮型的重要性

髮型是影響外在形象的關鍵因素之一，適合的髮型能夠增強整體氣質，反之則可能讓人顯得邋遢或不得體。

保持髮型清爽整潔：無論是長髮或短髮，都應勤加洗護，避免頭皮屑與異味影響形象。頭髮油膩、凌亂會讓人覺得不修邊幅，因此日常應注意梳理與打理。

職場與社交場合的髮型：在正式場合，男士的頭髮應該修剪整齊，不宜過長；女士若留長髮，應以盤髮或束髮的方式整理，使整體造型更加端莊。商務環境對於頭髮的規範較為嚴格，因此應避免過於浮誇的髮型，以維持專業形象。

第 2 堂課　提升優雅氣質，打造迷人形象

手部與腿部修飾

手部清潔與指甲修剪：手是我們日常互動時最常暴露的部位，因此應保持手部乾淨，指甲應定期修剪，避免指甲過長或藏有污垢。若指甲周圍有死皮，可使用指甲剪修整，避免用手撕或用牙齒咬。

手毛與腋毛的修飾：手臂上過長的汗毛可能影響觀感，適當的脫毛處理能夠增強整潔感。尤其是在正式場合，應避免穿著會讓腋毛外露的服裝，若選擇無袖服裝，則應事先清理腋毛，以確保整潔形象。

腿部衛生與著裝禮儀：應保持雙腿乾淨，襪子與鞋子應勤洗勤換，以避免異味。在正式場合，男士應穿著長褲，避免裸露腿部；女士可選擇長裙或合適的褲裝，避免超短裙或短褲，以維持端莊的形象。此外，若穿著裙裝，應搭配長襪，避免光腿出席正式場合。

儀容修飾是尊重他人的表現

保持良好的儀容，不僅是提升個人形象的關鍵，更是對他人的尊重。無論是在職場、社交活動，或是日常生活中，整潔得體的外表都能讓人對你產生良好的印象，進而增強人際關係與互動的順暢度。

3. 儀態得體，行事順遂

舉止是個人修養的直接體現，也是展現內涵的一面鏡子。優雅的舉止不僅能提升個人魅力，也能讓人在各種場合更受歡迎。得體的舉止與高雅的談吐，能讓人際關係更加和諧，使人留下良好的印象。

正如俗話所說：「有禮走遍天下，無禮寸步難行。」個人的禮儀舉止會直接影響別人對你的觀感，進而影響你的職場發展與社交生活。因此，良好的舉止是所有禮儀中極為重要的一環。有時，舉止本身就是一種「無聲的語言」，它所傳達的訊息往往比言語更有影響力。

舉止影響成敗

舉止得體與否，可能會影響一個人的事業發展與人際關係。

某電器公司業務員小李，前往拜訪客戶時，因為開門時動作粗魯、聲音過大，影響了客戶對他的第一印象。當客戶的接待人員帶領他到會客室時，已經向老闆傳遞了這一細節：「客人來了。」老闆問：「他是什麼樣的人？」接待人員回答：「穿著得體，時間也準時，但開門的聲音很大，顯得不太禮貌。」

這個小小的細節，讓老闆對小李的印象大打折扣，甚至可能影響到最終的合作結果。這樣的例子說明，即使在沒有開口交談

第 2 堂課　提升優雅氣質，打造迷人形象

之前，我們的舉止已經在別人心中留下了某種評價。因此，想要在人際交往中獲得好印象，就需要注意日常行為舉止，從細節處展現禮儀修養。

舉止反映內在修養

在社交場合中，有些人外表出眾，穿著得體，但當他們一開口或一舉一動，卻可能顯露出不佳的素養，使原本的好印象大打折扣。金玉其外，敗絮其中的表現，往往會讓人感到反感與疏遠。相反，舉止優雅、談吐得體的人，無論外貌如何，都能在人際交往中占據優勢，因為他們的內在氣質更具吸引力。

優雅的站姿、坐姿與走姿，都是一個人內涵的外在表現。因此，我們應當從日常行為開始，自覺培養良好的姿態與禮儀，使自己的舉止更加端莊與優雅。

日常行為細節需注意

（1）避免當眾搔癢

搔癢是很不雅的動作，尤其在正式場合，無論因為皮膚過敏或其他原因導致身體癢，都應儘量忍耐，或到隱蔽的地方處理。某些人習慣性地在身上東抓西撓，這種動作容易讓人覺得不雅觀，應加以克服。

3. 儀態得體，行事順遂

(2) 控制身體發出的聲響

在公共場合，某些由身體自然發出的聲響，如咳嗽、打噴嚏、哈欠、打嗝、肚子發出聲音、放屁等，若不加控制，可能會讓他人感到不適。

咳嗽、打噴嚏：應使用手帕或紙巾掩住口鼻，並輕聲說「不好意思」或「對不起」，以示禮貌。

哈欠與打嗝：應儘量壓低音量，並用手掩住嘴巴。

放屁與響腹：若身體不適導致腸胃發出聲音，應適時調整飲食習慣，避免尷尬場面。

若這些動作是因為身體狀況導致的無法避免的行為，則應以最小聲音來進行，並在適當場合道歉，以維護禮儀形象。

(3) 吸菸與處理菸蒂的禮儀

吸菸者應該考慮周圍的環境與他人感受，避免在禁菸區域或不適合的場合吸菸。此外，菸蒂的處理也需講究禮儀，不應隨手亂丟或直接踩滅，而應丟入指定的垃圾桶，以維護環境整潔。

(4) 吐痰應保持衛生

隨地吐痰是極不雅觀的行為，不僅會影響環境衛生，還可能成為疾病傳播的媒介。文明的做法是將痰吐入紙巾後丟入垃圾桶，或是在廁所內處理並用水沖洗乾淨。

第 2 堂課　提升優雅氣質，打造迷人形象

展現禮儀修養，塑造良好形象

日常的舉止反映出一個人的內在修養，因此，在社交場合應當有意識地運用禮儀，讓自己的行為更符合場合需求。

保持適當的肢體語言：在與人交談時，應保持自然放鬆的姿態，避免過度誇張的動作或過於拘謹的站姿。

眼神交流與微笑：與人交談時，適當的眼神接觸與微笑能讓人感到友善與親近，但應避免直勾勾地盯著對方，以免造成壓迫感。

得體的坐姿與站姿：站立時應保持挺直，不要倚靠桌椅；坐下時應保持穩重，不翹二郎腿或過於隨意地倚靠椅背。

儀態端莊讓你更受歡迎

舉止是無聲的語言，反映了個人的品味與教養。良好的舉止不僅讓你在人際交往中更受歡迎，也能讓你的事業與社交關係更加順遂。當我們開始注意這些細節，並持續培養優雅的舉止時，我們會發現，自己在人際互動中的吸引力也隨之提升。

從現在開始，讓我們用優雅的姿態，展現更具魅力的自己！

4. 談吐得體留下好印象

良好的談吐與表達能力，是人際交往中極為重要的因素。就如同外貌上的瑕疵可以透過化妝來修飾，說話方式上的缺陷也可以透過練習來改善。雖然這些缺點本身未必具有決定性影響，但如果長期不注意，就可能變成習慣，進而影響他人對你的評價，甚至影響你的職場發展與社交關係。

說話常見的缺點與改善方法

語言專家經過研究，總結出一些常見的說話問題，以及相對應的解決辦法。

（1）避免鼻音或雜音影響表達

有些人在說話時習慣使用鼻音，這會讓聲音聽起來含糊不清，甚至給人一種懶散或缺乏精神的感覺。鼻音過重的人，可以透過張開嘴巴發聲，並練習使用胸腔共鳴來改善音質。此外，有些人說話時夾雜著頻繁的清喉嚨聲、鼻音哼聲，或無意識地發出「呃」、「嗯」等聲音，這些雜音容易影響談話的流暢性，應有意識地克服。

（2）避免聲音過於尖銳

當一個人受到驚嚇或情緒激動時，聲音往往會不自覺地變尖銳。刺耳的聲音容易讓聽者感到不適，甚至影響溝通效果。可以

第 2 堂課　提升優雅氣質,打造迷人形象

透過自我檢查來改善,例如:觀察自己說話時,脖子是否感到緊繃?肌肉是否緊張?如果出現這些情況,就應該試著放鬆自己,並有意識地壓低音量,使聲音聽起來更平穩、柔和。

(3) 掌握適當的語速

語速過快,容易讓聽者跟不上,甚至導致對方無法理解你在說什麼;語速過慢,則可能讓人覺得冗長乏味。適當的說話節奏,應根據談話內容與情緒來調整,並適時加入停頓,以增強表達的效果。可透過錄音測試自己的語速,並嘗試不同的說話節奏來尋找最佳表達方式。

(4) 避免濫用流行語

流行語雖然能夠增添幽默感,但若過度使用,可能會顯得膚淺,甚至影響專業形象。例如,某些人習慣在每句話前後都加上「基本上」、「就是說」、「超級」、「爆炸厲害」等詞語,這些用語若使用過頻,容易讓談話顯得空洞。因此,應學會精準地選擇詞彙,以提高語言的品質與說服力。

(5) 避免過度誇張

誇張的說法可以增加話語的吸引力,但如果過度使用,則會降低話語的可信度。例如,若一個人習慣把所有事情都形容為「最重要的」、「超級驚人的」、「絕對無敵」,那麼當他真的遇到特別重要的事時,別人可能已經不會再認真對待。因此,在表達時應保持真實性,避免過度渲染,以維持說話的影響力。

(6) 減少冗詞贅語

有些人說話時，總是不自覺地加入許多冗詞，如「坦白說」、「老實講」、「其實呢」、「你知道嗎」等，這些詞語不僅無法增強表達力，反而會降低語言的精煉度。此外，過度使用「你懂嗎？」或「你說是不是？」等語句，可能會讓人感覺到壓迫或質疑對方的理解能力，應避免濫用。

(7) 說話時應言之有物

許多人在講述經歷時，容易犯的錯就是過於瑣碎，不懂得抓重點。過度鋪陳細節，可能讓聽者失去耐心，反而忽略了真正重要的部分。因此，在談話前，應學會抓住主題，讓表達更具條理性與吸引力。

(8) 避免說話時手腳動作過多

有些人說話時，手勢過於頻繁，例如摸下巴、拉耳朵、撥頭髮、抖腳等，這些動作可能會讓聽者分心，甚至影響談話的專業度。適當的手勢能夠強化表達，但過多的動作則容易造成反效果，因此應學會控制肢體語言，使談話更具說服力。

如何提升說話的吸引力？

掌握語氣變化：適當的語調變化能夠增強表達的感染力，讓談話更具吸引力。

運用適當的停頓：停頓能讓對方有時間消化資訊，也能增

強語句的影響力。

注意發音與咬字清晰度：說話應字正腔圓，避免含糊不清，以確保對方能準確理解你的意思。

適時使用比喻與故事：良好的比喻與生動的故事，能夠增強表達的說服力，使談話更具趣味性。

培養自信心：自信的語氣與穩定的音量，能夠讓談話更具權威性與說服力。

讓你的談話更具魅力

說話是一門藝術，良好的表達方式能夠幫助你在人際交往與職場溝通中占據優勢。當我們開始關注自己的語音語調、語速控制與表達習慣時，便能逐步提升自己的說話技巧，讓談話更具影響力與吸引力。

從今天開始，讓我們練習更精準、更具魅力的表達方式，讓每一次的談話，都能令人留下美好的印象！

第 3 堂課

語言的魅力

　　成功的語言就像鐘擺般精準，它能以和諧的方式影響他人，使對方主動朝著理想的方向前進。

—— 卡內基

1. 用適當的讚美提升他人價值

　　人們總是喜歡聽到讚美，當一個人被賦予美好的名譽時，他往往會努力維持這個形象。適當的讚美不僅能提升對方的自信，也能強化人際關係，使溝通變得更加順暢。

　　(1) 用「高帽子」激發對方的潛力

　　卡內基的朋友琴德太太曾經雇用了一位新女傭妮莉。在妮莉上工前，琴德太太特地打電話向她的前僱主了解情況，結果對方表示：「她不太誠實，而且做事懶散。」然而，當妮莉報到時，琴德太太對她說：「妮莉，我之前聯繫了妳的前僱主，她說妳誠實可靠、會做菜，也很會照顧孩子。不過，她提到妳可能

第 3 堂課　語言的魅力

在整理房間時不夠細緻，但我認為這未必是真的，因為妳看起來那麼整潔，我相信妳的房間一定也一樣乾淨。我們一定會相處得很好。」

結果如何呢？妮莉為了維持琴德太太對她的美好印象，不僅更加努力工作，還將房間整理得一塵不染。這樣的讚美，讓她產生了責任感，也促使她提升自己的工作態度。

這個方法並不是單純的恭維，而是透過「假定對方擁有某種優點」，來激勵對方朝著這個方向努力，從而改變行為模式。

(2) 美好的名聲能改變人生

比利時作家喬吉特・盧布朗（Georgette Leblanc）在《我和梅脫林克的生活》（*Maeterlinck and I*）中記錄了一個有趣的故事。

盧布朗家中有一位女傭，大家都稱她為「洗碗的瑪麗」，她外貌平凡，雙腿略顯彎曲，目光呆滯，缺乏自信。有一天，盧布朗對她說：「瑪麗，妳知道嗎？妳擁有很強的潛力。」

這句話讓瑪麗深受震撼。她回到廚房後，開始思考這句話的意義，並且開始試著改變自己。她開始修飾自己的儀態，逐漸變得更有自信。幾個月後，瑪麗興奮地告訴盧布朗，她即將與廚師的姪子結婚，展開新的人生。

僅僅一句讚美，就改變了一個人的人生。

1. 用適當的讚美提升他人價值

言語影響人際關係

在職場或人際關係中,語言的運用影響深遠。有時候,語言可以鼓勵一個人發揮最大潛能;但如果措辭不當,則可能傷害對方的自尊,甚至讓人關係破裂。

(1) 為人留面子,避免當眾指責

賓州哈里斯堡的企業家克拉克分享了一次經驗。在一次生產會議上,一位副董事用極為尖銳的語氣質問一名生產監督,並在全場面前指責他管理不當。這位監督因為不願當眾丟臉,於是含糊其詞,結果更激怒了副董事,甚至當場被指控說謊。

這次衝突對公司而言是一次損失,因為這位生產監督本來是極具能力的員工,然而自從這次事件後,他對公司徹底失去了信心,最終選擇離職,轉到競爭對手公司,而那家公司對他的表現相當滿意。

這個例子提醒我們,在人際互動中,即使我們是對的,也不應該當眾讓對方難堪,因為這可能會讓對方心生怨懟,甚至影響長遠合作。

法國飛行員兼作家安托萬・迪・聖修伯里(Antoine de Saint-Exupéry)曾說:「我沒有權利做出任何事情,來貶低一個人的自尊。重要的不是我怎麼看他,而是他怎麼看自己。」這句話道出了尊重他人尊嚴的重要性。

第 3 堂課　語言的魅力

如何給予恰當的讚美？

讚美是一種藝術，並非越多越好，而是要恰到好處，才能發揮真正的影響力。

(1) 讚美應該真誠且具體

讚美時應避免空泛的誇獎，例如：「你很棒！」這樣的話雖然聽起來好聽，但缺乏說服力。相較之下，更具體的讚美效果會更佳，例如：「你的演講邏輯清晰，而且內容生動，讓人很容易理解。」這樣的讚美不僅能讓對方開心，也能讓他意識到自己真正的優勢。

(2) 讚美應該符合現實

過度誇大的讚美，反而會讓人覺得不真誠。例如，如果一個人只是一般的歌手，卻對他說「你的歌聲簡直像世界級歌手！」這樣的話可能會讓對方覺得不可信，甚至產生反感。

(3) 讚美應該針對對方在意的事

每個人對不同的事物有不同的價值觀。如果一個人重視自己的工作能力，就應該讚美他的專業技能；如果一個人對自己的服裝很講究，就可以稱讚他的品味。當讚美能夠對應對方的關心點時，它才真正有價值。

(4) 讚美應該自然流露

過於刻意的讚美會讓人覺得不真誠，甚至可能讓對方懷疑

你的動機。因此,讚美應該以自然的方式表達,讓對方感受到你的誠意。

讚美的影響力

讚美的力量不僅能激勵個人成長,也能增進人際關係,甚至改變一個人的人生。卡內基說過:「送人一個超乎事實的美名,就像用《灰姑娘》故事裡的仙女棒點在她身上,會讓她從頭到腳煥然一新。」

善用語言,不僅能幫助我們與人建立更好的關係,也能影響我們的職場與社交生活。當我們學會用言語鼓勵他人,並給予適當的肯定時,將會發現人際關係變得更加融洽,而我們自己也會在這樣的互動中獲得更多的支持與認同。

2. 洞悉對方的想法

人們常說「良藥苦口,忠言逆耳」,這使許多人認為批評別人就是在得罪人。然而,隨著醫學的進步,許多良藥已經被包上了糖衣,不再那麼苦口了。同理,我們的批評若能講究技巧,讓忠言變得順耳,不僅能幫助對方改進,還能維持良好的人際關係。

第 3 堂課　語言的魅力

　　指責他人時，若完全不顧對方的感受，等於是強行將自己的觀點強加於人，這樣的對話自然缺乏平等的基礎，對方也不會心悅誠服地接受。因此，若想讓批評發揮作用，應該先試著理解對方的想法，傾聽他們的觀點，然後再給予適當的建議。

先傾聽，再表達意見

　　如果你不同意對方的看法，可能會忍不住想要打斷他的話，但這樣做往往會讓對方更加抗拒。當一個人還有許多話想說時，若你不讓他表達，他是不會理會你的意見的。因此，耐心聆聽並抱持開放的態度，是有效批評的第一步。

　　這個原則不僅適用於商務談判，在家庭關係中也同樣重要。例如，芭貝拉·魏爾生（Barbara Wilson）和她的女兒洛瑞曾經關係緊張。洛瑞在童年時期是一個聽話快樂的孩子，但到了青春期，卻變得叛逆，經常與母親發生爭執。魏爾生太太試過責罵、威脅，甚至懲罰，但這些方法都無效。

　　有一天，洛瑞未完成家務便離家去找朋友，當她回來時，魏爾生太太本想對她大吼一番，但最終卻只是無奈地問：「洛瑞，為什麼會這樣？」

　　洛瑞看到母親的失望，便試探性地問：「妳真的想知道嗎？」魏爾生太太點了點頭，於是洛瑞開始敞開心扉，訴說自己的想法。起初她還有些猶豫，但隨著對話的進行，她變得越來越坦誠。

魏爾生太太這才發現，自己過去總是告訴女兒該做什麼，卻從未真正傾聽過她的心聲。女兒需要的，不是命令與責備，而是一個可以傾訴煩惱的朋友。從那天起，魏爾生太太學會了先傾聽再表達意見，母女關係因此大幅改善，而洛瑞也變得更願意配合家裡的規矩。

這個故事告訴我們，讓對方多說話，試著去理解他們的觀點，才能減少衝突，建立更和諧的關係。

如何讓批評更具建設性？

蘇聯作家尼古拉・奧斯特洛夫斯基（Nikolai Ostrovsky）曾說：「批評是一種正常的循環機制，缺乏它，社會將會停滯甚至生病。」但有效的批評必須講究技巧，否則容易適得其反。

(1) 體諒對方的情緒，取得信任

批評的第一步是站在對方的立場思考問題。如果我們的言語連自己聽來都覺得刺耳，那麼對方又怎麼會接受呢？因此，批評時應先考慮措辭，並選擇合適的場合，否則不僅無法讓對方接受，還可能引發對立情緒。

許多人喜歡「心直口快」，認為直言不諱是一種誠實的表現，但在批評他人時，這種方式往往容易傷害對方的自尊，進而影響人際關係。因此，在批評時，我們應該學會換位思考，確保自己的話不會對對方造成無謂的傷害。

(2) 以誠懇友好的態度提出批評

批評是一個敏感的話題,哪怕是輕微的指正,都不會像讚揚那樣令人愉快。被批評的一方往往會有防衛心理,甚至可能對批評者產生敵意。因此,批評時應保持誠懇友好的態度,如此才能降低對方的抗拒感,使他願意聽取意見。

批評就像機械中的潤滑劑,若方法得當,它能減少摩擦,使事情順利進行。相反,若態度生硬,批評只會帶來更多的問題。

(3) 用含蓄的方式激勵對方

英國評論家約瑟夫・艾迪生(Joseph Addison)曾說:「真正懂得批評的人,關注的是如何讓人變得更好,而不是僅僅指出錯誤。」這意味著,批評的重點應該放在正面鼓勵,而不是直接指責對方的錯誤。

含蓄的批評,往往比直接的指責更能讓對方接受。例如,如果一位同事的工作表現不佳,與其直接說「你的表現很糟糕」,不如說:「你的潛力很大,如果能在這個部分再多加強一些,效果一定會更好。」這樣的表達方式,不僅不會讓對方感到羞辱,還能激勵他主動改進。

讓批評成為正向影響力

每個人都有缺點,但若無法察覺,便無法進步。因此,適當的批評是有價值的。然而,批評的方式若不當,可能會讓對

方產生反感,甚至影響彼此的關係。

批評時,應選擇合適的時機與場所,避免當眾指責,以免讓對方難堪。

態度要友善誠懇,讓對方感受到你是出於好意,而非惡意攻擊。

批評應以正面引導為主,避免過度強調錯誤,而應鼓勵對方改進。

讓對方多說話,先了解他的立場與想法,再給予建議,這樣批評才會更具說服力。

如果我們學會用提醒的方式來批評,而不是貶低對方的價值,那麼我們的意見將更容易被接受,並真正帶來正向的影響。

3. 掌握說話分寸

說話要懂得場合、對象和時機,掌握合適的分寸。即便一個人伶牙俐齒,但若缺乏內涵和見識,說話不經思考,只會讓人一時受到吸引,卻無法長久獲得他人的尊重與信賴。反之,若能恰到好處地表達觀點,即使是簡單的話語,也能顯示深思熟慮的態度,使人留下好印象。

然而,生活中總有一些人習慣「快人快語」,有話直說,甚至毫無顧忌地談論不該談的事。他們或許在熟人間還能被包容,

第 3 堂課　語言的魅力

但若在陌生環境或正式場合不加思索地脫口而出，不分對象、不分場合，便容易造成誤會，甚至引發衝突。

在職場中掌握說話分寸

我們每天都需要與同事、主管或合作夥伴溝通，因此，學會適時適量地表達意見，對於維持良好職場關係至關重要。有時候，吃虧往往不是因為做錯事，而是因為說錯話。

王先生在一家國際知名企業工作。有一次，他的專案經理指示他準備一份行銷企劃案。經過團隊討論後，王先生依照經理的意見加班完成，並準時提交。然而，當主管審閱後，卻嚴厲批評該企劃內容不夠完整。

在主管面前，王先生不假思索地說：「這個方案是我們團隊討論的結果，而且專案經理也非常贊同，整個企劃案有 60％ 都是專案經理的想法。」

沒想到，主管當場叫來專案經理，直接質問：「這方案是你的想法？這種內容竟然還需要你們花時間策劃？如果這就是你的水準，那你這個專案經理是不是不用做了？」

會議結束後，王先生不僅被主管責備，專案經理也對他十分不滿，告誡他：「說話前動點腦筋，別一五一十地把所有事情都說出去！」

這個例子說明，職場上有些話並不適合直接說出口。所謂

3. 掌握說話分寸

「話到嘴邊留三分」，即便是真話，也要考慮說出來的時機和方式，以免造成不必要的困擾或影響他人利益。

避免直言不諱，傷人無意間

有些人習慣「說實話」，但卻不自覺地在言語中揭露他人的短處，讓對方難堪，久而久之，人際關係也因此受損。

李小姐在一家科技公司擔任行政助理，性格內向，不太愛說話。然而，每當同事請她發表意見時，她總是毫不修飾地說出最直接的話。有一次，同事買了一件新衣服，其他人都讚美衣服漂亮又合適，當問到李小姐的看法時，她脫口而出：「妳身材不適合這件衣服，這種顏色對妳這個年紀來說太年輕了，根本不合適。」

她的話讓原本興奮的同事臉色瞬間僵住，其他正在稱讚衣服的人也陷入尷尬。李小姐雖然只是說出自己的「真心話」，但這種「老實話」卻傷害了別人的自尊心。久而久之，辦公室的同事開始刻意疏遠她，逐漸將她排除在團體之外。

事實告訴我們：「說實話」不代表可以毫無顧忌地直言不諱，表達意見時應考慮對方的感受。適當修飾語言，並以尊重的方式表達觀點，才能避免不必要的人際衝突。

第 3 堂課　語言的魅力

言語不慎，可能帶來嚴重後果

有些話不僅會傷害人際關係，甚至可能對他人的生命造成影響。

張先生因罹患重病，但家人選擇隱瞞病情，並四處尋找治療方法，使他的身體狀況保持穩定。然而，一天，他的朋友趙先生來探病，毫不避諱地詢問病情，甚至直言：「這種病的存活率只有 20%。」

張先生聽完大受打擊，心情低落，病情迅速惡化，最終不幸過世。家屬對趙先生的言論感到憤怒，從此與他斷絕來往。

這個案例告訴我們，說話時必須考慮對方的承受能力，特別是在面對重大事件或敏感話題時，切忌口無遮攔，否則可能造成無法挽回的後果。

高情商的人，懂得用智慧表達

某次，企業家陳先生在視察工廠時，發現工人們正在「禁止吸菸」的標誌下抽菸。他並沒有憤怒地斥責，而是走上前，遞給每人一支口香糖，微笑著說：「各位，如果你們願意換個地方，我會非常感謝。」

這種做法，不僅讓工人們明白自己的錯誤，還保住了他們的自尊心，讓他們更敬重這位領導者。

3. 掌握說話分寸

這個例子說明，有智慧的人知道如何用幽默、婉轉或私下交流的方式來表達真實意見，而不是直言不諱地當眾指出別人的缺點。

如果說話方式得當，即使是批評，也能讓人樂於接受，並心存感激。反之，若只是一味地「有話直說」，則只會招來反感，影響人際關係。

學會掌握說話的技巧

適時停頓，考慮語境與對象 —— 在發表意見前，先判斷場合是否合適，避免不當言論影響他人。

修飾語言，不要過於直接 —— 實話可以說，但應學會以溫和、幽默或間接的方式表達，以免讓人難堪。

多觀察對方的反應 —— 察言觀色是溝通的重要技巧，當察覺對方情緒變化時，應適時調整說話的內容與語氣。

避免過度批評或揭人短處 —— 若無法提供建設性的意見，不妨選擇沉默，避免傷害對方的自尊心。

一句話可以讓人如沐春風，也可以讓人如墜冰窟，掌握說話的藝術，才能在人際交往中贏得尊重與友誼。

4. 精簡你的語言

在初次交往或正式場合,若言語過於囉嗦,容易讓人感到厭煩,進而削弱自身的影響力與可信度。英國詩人亞歷山大·波普(Alexander Pope)曾說:「言語如同樹葉,當樹葉過於茂密時,很難見到智慧的果實。」

真正的溝通不在於話多,而在於是否能夠準確表達要點。精煉的言語能讓聽者興味盎然,而冗長、無重點的談話,則容易令人厭倦,甚至引發反感。

言簡意賅的價值

美國作家馬克·吐溫(Mark Twain)曾分享過一則故事:

某個星期天,他到教堂參加禮拜,剛好遇到一位傳教士,熱情洋溢地講述非洲傳教士的艱辛生活。當這位傳教士演說了 5 分鐘後,馬克·吐溫感動不已,決定捐款 50 美元;然而,當他繼續講了 10 分鐘後,吐溫開始猶豫,決定將捐款減至 25 美元;到了 30 分鐘後,他將捐款數額再度縮減為 5 美元。最後,當這位傳教士滔滔不絕地講了一整個小時,並拿起奉獻缽向聽眾募捐時,馬克·吐溫非但沒有捐款,反而趁機從缽裡取走了 2 美元。

這個故事雖然帶有幽默色彩,卻傳達了一個重要的溝通原則──簡潔有力的言語比冗長的陳述更能打動人心。若談話內

容過長、缺乏重點,非但無法產生預期效果,反而可能讓聽眾感到厭煩,甚至對講者失去興趣。

不囉嗦,讓話語更有分量

「蛤蟆從晚上叫到天亮,沒有人會注意;公雞只啼一聲,人們就起床開始一天的生活。」這句話道出了一個簡單卻深刻的道理——會說話的人,不在於說話最多,而在於說話最精準。

然而,現實生活中,許多滔滔不絕的人並未察覺自己的問題,他們往往誤以為自己的話語內容豐富有趣,卻不知已讓聽眾感到疲憊不堪。

有一回,兩位多年未見的老朋友相約聚會,彼此都對這次重逢期待已久。然而,其中一人帶了自己的新婚妻子同行,這位太太性格開朗,卻顯得過於健談。從聚會一開始,她便獨占話題,滔滔不絕地講述自己認為有趣的事情,完全沒有讓兩位老友互相交談的機會。

出於禮貌,兩位男士只能微笑聆聽,偶爾尷尬地對視一眼。當聚會結束,這位太太滿心歡喜地揮手道別,認為自己度過了一個美好的夜晚。然而,兩位老朋友卻對彼此的近況仍一無所知,甚至在心裡暗自抱怨這位太太的過度話癆,連她的丈夫也對此感到無奈。

這類情境告訴我們:適時讓對方發言,保持對話的平衡,才能真正促進有效溝通,而不是只顧著表達自己。

第 3 堂課　語言的魅力

囉嗦者的七大特徵

心理學家研究發現，話語過於冗長且缺乏重點的人，通常具有以下七種典型特徵：

（1）打斷他人談話，搶話題主導權——他們總希望對話圍繞著自己，缺乏傾聽的耐心。

（2）重複話題，無意識地說過相同內容——因注意力分散，經常請對方重複說過的話，或自己一再重述同樣的事情。

（3）滔滔不絕，讓人難以應對——他們像連發砲彈一樣不斷表達自己的意見，使人難以插話或回應。

（4）自以為是，愛隨意下結論——試圖表現自己是內行，習慣輕率地下判斷，進而滔滔不絕地解釋。

（5）缺乏邏輯，話題跳躍——談話內容毫無邏輯，時常偏離主題，讓聽者難以理解其重點。

（6）強調無關細節，喋喋不休——在對話中，過度關注不重要的細節，讓話題變得瑣碎繁瑣。

（7）過度自信，認為自己的話比別人的有趣——誤以為自己擁有絕佳的表達能力，卻未察覺他人的不耐煩。

這些行為不僅影響溝通效率，還容易讓人對其產生厭惡感。

4. 精簡你的語言

言語簡練，更顯智慧

俗話說：「話多必失。」說話太多，出錯的機率自然增加，而真正聰明的人往往不輕易發言，唯有見識淺薄的人才喜歡誇誇其談。

美國第16任總統亞伯拉罕‧林肯（Abraham Lincoln）曾說：「寧可閉上嘴巴，讓人懷疑你的無知，也勝過一開口就證明你的愚蠢。」這句話值得我們深思。

善於溝通的人，懂得如何運用言簡意賅的語言表達觀點。舉例來說：

長篇大論的表達方式：「這件事對公司未來發展至關重要，如果我們不採取積極行動，可能會導致競爭力下降，甚至影響市場份額。」

簡潔有力的表達方式：「這件事攸關公司競爭力，必須立刻行動。」

後者的表達更具說服力，因為它抓住了關鍵點，避免不必要的冗詞贅語。

學會說話的藝術

若想讓談話更具影響力，可以參考以下技巧：

抓住重點，避免囉嗦 —— 表達意見時，直接點出關鍵資

第 3 堂課　語言的魅力

訊，不繞圈子，不拖泥帶水。

　　學會傾聽，避免搶話 —— 讓對方有機會發言，傾聽對方的意見，才能促進有效溝通。

　　避免重複和無意義的話語 —— 說過的話不需一再重複，避免讓對方產生厭煩感。

　　減少不必要的細節描述 —— 除非對方感興趣，否則不必過度強調無關緊要的細節。

　　適當停頓，讓言語更有力量 —— 在關鍵時刻停頓幾秒，可以增加說話的影響力與說服力。

　　總結來說，話不在多，而在於精準表達。真正的智慧並非滔滔不絕，而是在於說話是否有價值、是否能讓人願意聆聽。

5. 精選話題，讓交談更順暢

　　俗話說：「一回生，二回熟。」與陌生人初次交談時，話題的選擇至關重要，因為它直接影響談話的進行，也決定彼此關係的發展。如果話題不當，可能在談話尚未深入時，就已經讓對方失去興趣，甚至產生距離感。

　　談話時應選擇能引起對方興趣的話題，這樣才能營造輕鬆活潑的氛圍，促進交流與友誼。不過，話題的選擇不能隨心所欲，必須考量談話對象，因為只有讓對方感興趣，談話才有延續的

5. 精選話題，讓交談更順暢

可能。例如，自己是球迷，但並非所有人都對球賽感興趣，若對方沒有相關興趣，卻仍滔滔不絕地談論球隊戰績，可能會讓對方感到厭煩。

在現代社會，年輕人常將話題侷限於流行服飾或潮流趨勢，但若過度局限於單一話題，反而容易限制人際互動的範圍。那麼，如何才能成為擅長交談、受人歡迎的人呢？

美國資深記者芭芭拉·華特斯（Barbara Walters）初次訪問知名企業家理查·布蘭森（Richard Branson）時，發現他正與同業熱烈討論航線拓展、新型機隊與市場策略，讓她根本無法插話。於是，在午餐時，她趁著大家話題稍歇的時候，問道：「布蘭森先生，您不僅在航空業取得巨大成就，在音樂產業和其他領域也有卓越表現。當初是什麼契機讓您開始創業？您第一份工作是什麼？」這個問題瞬間引起布蘭森的興趣，他開始熱情地回顧自己的創業歷程，雙方的對話也因此變得流暢起來。

選擇話題時，不僅要考慮對方的興趣，還要避免對方的禁忌話題，以免無意間讓對方感到不適。例如，失戀者可能不願談論感情問題；曾遭遇挫折的人可能不想回憶過去的不幸；與醫師、律師等專業人士交談時，若對方並非在工作場合，則不宜過度詢問專業問題，以免讓對方覺得像是在「免費諮詢」；在政治、宗教、個人財務等較為敏感的議題也應謹慎，避免誤觸地雷。

某位文學編輯曾分享自身經驗。他負責邀稿，某位知名作家因為要求嚴格，讓許多編輯感到棘手，因此這位編輯在約訪

第 3 堂課　語言的魅力

前也特別緊張。

一開始，他們的對話果然不甚順利，作家顯得興趣缺缺，甚至顯露不耐煩的神情。於是，這位編輯靈機一動，提及近日在某文學雜誌上看到一篇評論，提到這位作家的作品即將翻譯出版，並問道：「您的作品即將推出英語版，您覺得翻譯能夠完整呈現您的風格嗎？」這個問題讓作家頓時來了興趣，開始侃侃而談，並分享他對翻譯作品的期待與擔憂。整場談話的氛圍迅速轉變，最後，作家也愉快地答應提供新稿件。

在交談中，處於劣勢的一方通常需要主動尋找合適的話題。例如，在求人辦事時，應精心挑選交談內容；在洽談生意時，則應考量如何引導話題以促進合作。

另外，在情侶相處時，則應避免只談自己感興趣的話題，而忽略對方的想法。例如，若男方在汽車維修業工作，與另一半約會時卻一直談論機械零件，很可能讓對方感到困惑，甚至不知如何接話。

在社交互動中，聰明的人會主動關心對方，選擇對方感興趣的話題，以增進彼此的交流。而被動的一方，即使對話題不熟悉，也應適時展現好奇心，而非直接表現出冷漠。只要對每件事都保持一定的興趣，就不容易遇到完全無法接話的情況。

一個好的話題不僅能讓交談順暢，也能創造機會。例如，在歐洲某公園裡，兩位擦鞋童在吸引顧客時，採取了不同的話術。一人高聲喊道：「請坐，我幫您擦亮皮鞋。」另一人則說：「約

5. 精選話題，讓交談更順暢

會前，請先擦亮您的皮鞋。」結果，前者的生意平平，而後者卻吸引了大批年輕男女，紛紛坐下來讓他擦鞋。

兩者的差異在於，後者精準抓住了顧客的心理需求。對於準備約會的年輕人來說，他們並不是單純為了鞋子「亮不亮」而擦鞋，而是為了讓自己在重要時刻展現良好形象。這句話不僅符合顧客的需求，也讓對方產生共鳴。

綜合來看，以下幾種類型的話題，通常較容易引起對話對象的興趣：

(1) 與對方切身利益相關的話題
(2) 對方的興趣、專長或角色相關的話題
(3) 具備權威性或專業性的話題
(4) 新奇、獨特的話題
(5) 生活經驗或文化背景相關的話題
(6) 社會趨勢、熱門議題，但不涉及敏感話題

如果希望與陌生人建立良好的交流，不妨先審視自己選擇話題的方式，看看是否能夠引起對方興趣，並試著在適當時機轉換話題，讓談話變得更加愉快且順暢。

第 3 堂課　語言的魅力

6. 引導對方認同你的觀點

在與人交談時，不要急著討論意見相左的部分，而應先強調雙方的共識，讓對方產生認同感。當雙方的目標一致，只是方法不同時，對話就能更順利進行。如果能讓對方從一開始就點頭說「是」，那麼他就更可能接受你的想法，反之，若讓對方一開始就說「不」，談話往往會陷入僵局。

這種技巧可比擬撞球運動，擊球時若角度稍有偏差，反彈後的方向可能會與預期完全相反。同樣地，當一個人開口就說「不」，這不僅是一個簡單的否定詞，而是伴隨著心理與生理上的抗拒，包含肌肉緊繃、內分泌變化等，使他更難改變想法。因此，談話初期若能引導對方連續說「是」，就能讓交流更順利進行。

運用「是」來化解拒絕

卡特是一名國際知名電機公司的業務經理，他試圖與一家大型企業建立合作關係，經過幾次洽談後，終於成功賣出第一批產品。然而，當他再次拜訪該企業時，卻被總工程師告知：「我們無法再購買你們的馬達了。」

卡特不疾不徐地問：「能請問原因嗎？」

總工程師皺著眉頭說：「因為你們的馬達運行時太熱了，根

6. 引導對方認同你的觀點

本沒辦法用手觸碰。」

這時,卡特知道若直接爭論,結果只會讓對方更堅持己見,於是他運用了「是」的策略。他沒有立即反駁,而是先認同對方的立場:「史密斯先生,我完全理解您的擔憂。如果這些馬達真的過熱,那確實需要仔細考慮。貴公司目前使用的設備應該都是符合國際標準的吧?」

「是的。」總工程師點頭。

「根據標準,馬達的設計溫度通常允許比環境溫度高出 22 度,這您應該也知道吧?」

「是的。」對方再次同意,但仍堅持馬達太熱。

卡特繼續問:「工廠內的溫度大約是多少?」

「大約 24 度。」

「那麼,依據標準,馬達的表面溫度可能會達到 46 度。如果您把手放在 46 度的水流下,是否會感覺燙?」

「是的。」總工程師不得不承認。

卡特微笑著說:「所以,或許我們不應該直接用手觸碰運行中的馬達?」

「沒錯,你說得對。」總工程師終於點頭,並在後續幾個月內與卡特簽下了一筆價值 35,000 美元的訂單。

這個案例顯示了如何透過建立共識來化解對方的疑慮。如果卡特當初選擇直接反駁,結果可能會大不相同。

065

第 3 堂課　語言的魅力

以「是」建立信任

在銀行業務中，這種技巧也能有效發揮作用。某家銀行的客戶經理瑪莉亞遇到一位來開戶的顧客詹姆斯，對方對銀行的個人資料要求感到不滿，拒絕提供詳細資料。在過去，銀行職員可能會嚴厲地回應：「如果您不提供這些資料，我們無法為您開戶。」這種強硬態度雖然符合規定，但容易讓客戶覺得不被尊重，甚至乾脆放棄開戶。

瑪莉亞決定換個方式。她沒有爭論，而是說：「詹姆斯先生，我理解您的顧慮，這些資料或許並非絕對必要，對吧？」

「是的。」詹姆斯鬆了口氣。

「但如果將來需要確認您的財產繼承安排，您不覺得提供親屬資料能確保您的意願順利執行嗎？」

「是的，這樣確實比較安心。」

在這場對話中，詹姆斯的態度漸漸軟化，最後不僅提供了所有必要資料，還在瑪莉亞的建議下，開設了一個信託帳戶，指定母親為受益人。這種技巧讓對方在對話中始終處於接受狀態，而非抗拒狀態。

蘇格拉底的「是」法則

古希臘哲學家蘇格拉底（Socrates）被譽為史上最偉大的說服者之一，他的說服技巧影響人類思維長達 2,400 多年。他不會

6. 引導對方認同你的觀點

直接指出別人的錯誤,而是運用一連串對方無法否認的問題,引導對方逐步接受他的論點,這種技巧後來被稱為「蘇格拉底法則」。

舉例來說,當他試圖讓學生理解某個觀念時,他不會直接說:「你的想法是錯的。」而是問:「你是否認為善良是一種值得推崇的品質?」

學生回答:「是的。」

「那麼,假設某人為了善良而做出犧牲,你是否認為這仍是值得敬重的?」

「是的。」

透過這種方式,對方不會產生防衛心理,並能自然而然地接受蘇格拉底希望傳達的理念。這種方法不僅適用於哲學討論,也廣泛應用於現代談判、心理學與商業溝通。

讓對話從「是」開始

如果你希望對方願意接受你的觀點,請記住蘇格拉底的智慧 —— 問一些能讓對方說「是」的問題,而非直接挑戰對方的立場。這種技巧能減少對立情緒,提升溝通效果,也能使雙方在愉快的氛圍中找到共同點。

第 3 堂課　語言的魅力

第 4 堂課

培養樂觀心態,擁抱快樂人生

當我們選擇用正向的思維面對世界,快樂便會隨之而來。

—— 卡內基

1. 付出帶來快樂

卡內基曾說:「讓我們嘗試著不要指望別人報答,如果偶然得到別人的感激,就把它當作是一種意外的驚喜。」這句話道出了付出的真正價值 —— 當我們不計較回報,單純地為別人付出時,內心將獲得純粹的快樂。

以善行創造價值

比爾蓋茲(Bill Gates),微軟(Microsoft)創辦人之一,在事業巔峰時便開始積極投身慈善事業。他與妻子共同創立了「蓋茲基金會」(Gates Foundation),投入數十億美元用於改善全球公共衛生、推動教育發展,並幫助貧困地區獲得基本醫療資源。

第4堂課 培養樂觀心態,擁抱快樂人生

他曾表示:「我所賺的錢,是社會給予的,我也應該將它回饋給社會。」

在 2005 年,蓋茲基金會資助了一項大規模疫苗接種計畫,幫助全球數百萬名兒童避免罹患可預防的疾病。2020 年,新冠疫情爆發時,他再度捐助數十億美元,支持疫苗研發與疫情控制,這些善行不僅改變了無數人的生命,也為世界帶來了希望。

蓋茲的慈善精神不僅提升了他的個人聲譽,也讓他的企業文化更具人道關懷。他的行動證明了「給予比接受更快樂」,當一個人願意付出,他不僅能幫助他人,也能讓自己獲得更高層次的滿足感。

付出讓人生更圓滿

心理學研究顯示,樂於助人的人通常擁有更高的幸福感,這種現象被稱為「施予者的幸福效應」(Helper's High)。當我們幫助別人時,大腦會釋放多巴胺,使我們感到愉悅,這種滿足感甚至比獲得物質財富還要長久。

有一則現代寓言故事能夠很好地說明這個道理:

兩名企業家在生前來到一個神祕的國度,這裡的守門人告訴他們:「你們可以選擇來生的角色,一位是持續付出的施予者,另一位是只索取不給予的人。」

其中一人認為:「如果我的生活只需要接受,不必付出,那

1. 付出帶來快樂

將是最輕鬆的方式。」於是,他選擇了索取者的角色。

另一人則認為:「如果能夠幫助他人,創造價值,這才是有意義的人生。」於是,他選擇了成為施予者。

結果,選擇索取的人轉世成了乞丐,終其一生只能依賴別人的施捨;而選擇施予的人則成了企業家,透過幫助他人創造價值,最終也讓自己富有且受人敬仰。

這則故事提醒我們,純粹的索取無法帶來真正的成就與快樂,只有願意付出,才能累積財富、信譽與內心的滿足感。

付出能讓世界變得更美好

當我們選擇慷慨付出,不僅能影響自己的人生,也能帶動更多人投身公益。例如,「捐一送一」(Buy One Give One)模式已被許多企業採用,這種經營模式讓企業與社會雙贏,也提升了品牌價值。

此外,許多研究證明,願意奉獻時間參與志工活動的人,通常擁有更好的心理健康,甚至壽命更長。因為他們在幫助別人的同時,也建立了強大的社交網路,獲得更深層的滿足感。

2. 學會寬恕，擁抱內心平靜

在一次旅途中，卡內基曾於黃石公園觀察到灰熊的行為。他與眾多遊客坐在露天座位上，靜靜等待這位「森林之王」現身。灰熊以強大力量聞名，幾乎沒有天敵，但令人驚訝的是，當牠在垃圾堆中覓食時，身旁竟然跟著一隻小小的臭鼬，而灰熊並未試圖驅趕牠。這種體型相差懸殊的生物，為何能在灰熊面前毫不畏懼？答案很簡單：灰熊知道，與臭鼬對抗毫無益處，反而可能惹上更大的麻煩。

這個場景給我們一個啟示：憎恨與怨懟不僅無法讓我們獲得勝利，反而只會徒增痛苦。當我們選擇寬恕，便如同那頭灰熊一樣，懂得放下無謂的衝突，讓自己擁有更多內心的平靜。

憎恨只會傷害自己

一幅經典的漫畫生動描繪了人們的習性：某人拿起一張白紙，在正中央畫了一個黑點，然後問朋友：「你看到了什麼？」朋友毫不猶豫地回答：「一個黑點。」但對方卻說：「為什麼你只看到黑點，而沒看到這麼大一片白色呢？」

我們往往聚焦於他人的缺點，卻忽略了他們的優點，這使我們對人產生偏見與不滿，進而衍生出不必要的憎恨。然而，真正受到傷害的，往往不是對方，而是我們自己。當我們執著於仇恨，它不僅影響我們的情緒，甚至可能傷害身心健康。我們

2. 學會寬恕，擁抱內心平靜

以為自己的怨懟能懲罰對方，但實際上，對方可能毫無察覺，繼續過著自己的生活，而我們卻因此無法釋懷，陷入痛苦的漩渦。

有句話說：「憎恨一個人，就等於讓他在你的心裡免費住下。」唯有選擇放下，我們才能獲得真正的快樂。

一個少女的成長與原諒

16歲的少女艾琳，曾經對自己的生母懷有強烈的怨恨，因為母親在她年幼時便將她遺棄。多年來，她不斷質問自己：「為什麼她要拋棄我？」這種痛苦的情緒使她內心充滿不滿與困惑。

後來，艾琳終於找到了自己的親生父母，卻發現他們年輕時極度貧困，甚至連最基本的生活條件都無法保障。母親並非不愛她，而是迫於現實的無奈，才做出了這個選擇。這時候，艾琳的一位朋友也遭遇了類似的困境，意外懷孕後因為恐懼而選擇放棄孩子。艾琳陪伴朋友走過這段艱難的時光，開始明白有些選擇並非出於冷漠，而是被環境逼迫的結果。

當她開始理解生母當時的處境，憤怒的情緒逐漸轉為同情，最終她選擇了原諒。寬恕讓她釋放了壓抑多年的痛苦，也讓她找到自己的價值，成為一個堅強又充滿愛的人。

選擇寬恕，並不是為了替對方開脫，而是為了讓自己從痛苦中解放，找到真正的快樂。

第 4 堂課　培養樂觀心態，擁抱快樂人生

寬恕是療癒內心的良藥

亞伯拉罕曾向上帝祈禱:「上帝,我的兄弟已經傷害了我七次,我還應該寬恕他嗎?」

上帝回答:「你不僅要寬恕他七次,還要寬恕他七十個七次。」

這句話意味著,寬恕不應該有極限,因為內心的平靜來自我們願意改變自己的態度,而非透過報復獲得滿足。

我們無法掌控別人的行為,但我們可以選擇自己的反應。當我們學會放下仇恨,不再讓過去的傷害主導我們的人生,就能夠重新獲得內心的自由。

選擇寬恕,讓生活更美好

寬恕不只是慈悲,更是一種智慧。它能夠幫助我們挽回破裂的關係,也能讓我們遠離焦慮與痛苦。當我們學會寬恕,世界會變得更溫暖,而我們自己也將變得更快樂。

3. 知足常樂,享受生活

如果想要過得快樂,就必須學會知足常樂,在現實條件許可的範圍內,充分享受生活,而不為得不到的事物而煩惱。這才是適宜的人生觀。

知足並不是安於現狀、不思進取，而是對現有的成果感到滿足，懂得珍惜已擁有的一切，從而保持內心的愉悅與平和。它是一種人生智慧，讓我們在追求進步的同時，也能享受當下，而非一直陷入「得不到就痛苦」的惡性循環。

擁有更多，不代表更快樂

心理學家曾對一些美國樂透得主進行長期研究，原本以為這些一夜致富的人會從此過上無憂無慮的幸福生活。然而，結果卻顯示，這些幸運兒在剛贏得巨額獎金時，的確感到興奮快樂，但幾個月後，他們的快樂指數便逐漸下降，最終回到與一般人無異的水準。換句話說，擁有更多財富，並不意味著擁有更多快樂。

這種現象被稱為「幸福適應理論」，也就是當人們獲得新的物質享受時，快樂感只是暫時的，隨著時間過去，會逐漸習慣並回歸原來的幸福水平。因此，單純追求外在的財富與物質，並不能讓我們長久快樂，反而知足的人，才是真正的富足者。

一位商人的智慧人生

在一篇報導中，曾提及一位來自義大利的商人，他經營一家小型家族餐廳，每天忙於備料、烹煮與接待客人，然而，他始終帶著微笑，似乎沒有任何煩惱。

第 4 堂課　培養樂觀心態，擁抱快樂人生

有一次，記者問他：「您的餐廳規模不大，也沒打算擴展，您會不會羨慕那些擁有大型連鎖餐廳的企業家？」

這位商人回答：「為什麼要羨慕呢？他們或許賺得比我多，但他們的壓力也更大，可能每天都要應付財務、管理問題，甚至無法安心與家人共度晚餐。我每天能夠親手做出顧客喜愛的料理，與家人一起經營，這就是我最大的幸福。」

這位商人的心態，正是知足常樂的體現。他不因財富多寡來衡量幸福，而是珍惜自己擁有的生活，因此能夠長保快樂。

盲人調音師的快樂人生

有一位備受尊敬的鋼琴調音師亞當。亞當自幼便因遺傳性疾病導致雙目失明，但他從未因此自怨自艾，反而發掘了自己敏銳的聽覺天賦，成為專業的鋼琴調音師。

有一次，一位音樂家問亞當：「你不覺得自己很不幸嗎？如果你能看見，你的生活會更便利。」

亞當卻微笑著回答：「或許我的眼睛看不見，但我的耳朵讓我感受到這個世界的美妙。我能夠精準地分辨音律，幫助許多音樂家調整鋼琴，讓美妙的旋律得以完美呈現。這已經讓我感到非常滿足了。」

他的人生哲學，正是「專注於自己擁有的，而非抱怨自己沒有的」。雖然他失去了視力，卻獲得了敏銳的聽覺，並在這項天

賦中找到快樂與成就感。這種知足的心態，讓他活得自在，也贏得許多人的敬佩。

知足帶來內心的平靜

人生在世，無法事事如願，但若能學會知足，便能常保快樂。

當我們習慣於與他人比較，總是將目光放在自己缺乏的事物上，痛苦便隨之而來。但當我們學會感謝自己所擁有的一切，快樂就會悄然而至。

4. 擺脫煩惱，活出輕盈人生

當年，卡內基剛從德州搬到紐約時，手上只有 2 萬美元，這筆錢並非他的財產，而是朋友託他投資於股市的資金。他原以為自己對股票市場瞭如指掌，卻最終賠得一分不剩。若是自己的錢，他或許可以坦然接受，但因為虧掉朋友的積蓄，他愧疚萬分，以致不敢面對這些朋友。

然而，讓他意外的是，朋友們非但沒有責備他，反而安慰他。這次經歷促使卡內基深入反思自己的錯，並下定決心在重新投入市場前，先學習必要的知識。他拜訪了當時著名的金融專家卡瑟斯，向他請教如何在市場中立足。

卡瑟斯教了他一個至關重要的原則：「在投資時，我總是設

第 4 堂課　培養樂觀心態，擁抱快樂人生

定一個虧損的底線，例如，當我以每股 50 美元買進一檔股票，我會預設虧損上限為 5 美元。一旦股價跌至 45 美元，我就會立即出場，這樣就能把損失控制在最小範圍內。」

卡瑟斯進一步說明：「如果你的投資決策正確，你可能會賺取 10 美元、25 美元，甚至 50 美元。但只要能夠設立停損，即便有一半的交易判斷失誤，最終你仍有獲利的機會。」

卡內基領悟到這個方法的智慧，應用後不僅成功挽回過去的虧損，還替自己和客戶賺進數倍的收益。更重要的是，他發現這個「到此為止」的原則不僅適用於投資，也同樣適用於人生中的各種煩惱。當他開始為自己的擔憂設定界限，告訴自己「此事至此為止，不再讓它影響我的情緒」，他發現自己的心情變得輕鬆自在，焦慮與壓力也隨之減少。

煩惱不會解決問題，只會耗損生命

煩惱是一種看不見的負擔，它不僅奪走了我們的快樂，還會摧毀我們的健康與人際關係。許多才華洋溢的人，因為過度憂慮，最終只從事了自己並不熱愛的工作；許多本該擁有幸福家庭的人，卻因為過度焦慮而造成彼此的隔閡與痛苦。

真正讓人疲憊的，不是工作本身，而是對工作的厭倦與恐懼；真正傷害我們的，不是困難，而是我們無止盡的憂慮與煩悶。

試想，如果你每天在腦中反覆思索那些無法改變的事情，你是否感受到一種被無形繩索束縛住的壓迫感？如果我們讓煩

4. 擺脫煩惱，活出輕盈人生

惱無限擴大，它將如黑洞般吞噬我們的精力，讓我們逐漸失去對生活的熱情與動力。

健康的心境，勝過所有補救方法

許多女性會花大把時間與金錢，透過美容手術、按摩療程來消除皺紋，卻忽略了皺紋的根源往往來自於內心的煩惱與壓力。當一個人長期處於焦慮、憤怒或怨恨的情緒中，她的面容自然會顯得疲憊、衰老。反之，當一個人內心平靜、愉悅，即便歲月流轉，她仍然能夠散發出自信與優雅的光采。

一位心理學家曾經說過：「煩惱就像一把雕刻刀，它會在你的臉上刻下歲月的痕跡。如果你想減少皺紋，最好的方法不是昂貴的保養品，而是學會放下煩惱。」

擁抱當下，學會放手

那麼，該如何擺脫煩惱呢？關鍵在於學習「放手」。當你感到焦慮時，不妨試著問自己：「這件事情真的值得我擔心嗎？」

以下幾個方法，可以幫助你擺脫煩惱，活得更加自在：

(1) 設定界限，不讓煩惱無限擴張

許多事情，當你劃定界線後，煩惱自然就會減少。例如，給自己一個期限：「這件事情我思考 30 分鐘，然後就不再讓它影響我的情緒。」

(2) 專注於可以掌控的事情

煩惱的本質來自於我們想控制一些無法掌控的事物。與其擔憂未來，不如專注於當下能夠改變的事情，這才是最有智慧的選擇。

(3) 保持健康的生活習慣

良好的飲食、規律的運動和充足的睡眠，能幫助我們維持平穩的情緒，避免焦慮與壓力的累積。

(4) 用正向思維取代負面情緒

當你發現自己陷入憂慮時，試著用正向的想法來取代。例如，「這次挑戰能讓我變得更強大」，而不是「如果我失敗了怎麼辦？」

(5) 學會接受，不強求完美

許多煩惱來自於對完美的追求，但人生並不需要事事完美。當我們學會接受不完美時，內心的負擔自然會減輕。

真正的快樂，來自內心的自由

許多人以為，等到問題解決、困難過去，自己就能夠快樂。但事實上，快樂並不是解決所有問題後才會出現，而是來自於你是否願意選擇放下煩惱，活在當下。

如果我們把注意力放在那些讓我們感恩的事物上，焦慮和

憂慮就會逐漸消散。當我們不再執著於無法改變的事情，而是珍惜眼前的幸福，那麼，快樂便會如影隨形。

5. 心態決定你的世界

人生如同一枚硬幣，正面是希望、快樂與幸福，反面則是絕望、憂愁與痛苦。關鍵在於，你選擇從哪一面看待它。

曾經有一位美國駐外軍官的妻子瑟曼，因為丈夫派駐到中東地區，她被迫搬到當地的軍事基地。那裡天氣酷熱，環境陌生，周圍也沒有熟悉的朋友。她寫信給父母，抱怨自己無法忍受這種生活，想要立即回美國。

她的父親回信，只寫了兩行話：

「兩個人從牢房的鐵窗向外看，

一個看到泥土，另一個卻看到滿天星星。」

瑟曼深受觸動，開始改變自己的心態。她學習當地文化，與當地居民建立友誼，研究當地的植物與野生動物，甚至開始記錄自己的發現，最終寫成一本書，並將其命名為沙漠裡的奇蹟。

環境沒有改變，當地人也沒有改變，唯一改變的是她自己的心態。從原本的抱怨與抗拒，轉變為接受與探索，她發現，生活的美好與否，取決於我們如何看待它。

第 4 堂課　培養樂觀心態，擁抱快樂人生

逆境中的力量

你是否曾聽說過「兩個女孩，一條腿」的故事？

艾美・慕琳斯（Aimee Mullins）與海倫・史密斯（Helen Smith）都是世界知名的女性，她們不僅擁有智慧與美貌，還擁有一個共同的特徵——她們都失去了一條腿。

艾美出生時便患有罕見的骨骼疾病，導致她必須在嬰兒時期截肢。然而，她並沒有因此被命運擊倒，反而成為了一名田徑選手，並創下世界紀錄。她後來成為時尚模特兒、TED 演講家，甚至踏入電影圈，用她的故事鼓舞無數人。

而海倫則是一位英國社會活動家，原本是一名模特兒，後來因為車禍失去了一條腿。但她並沒有因此消沉，反而成立基金會，為戰爭與意外事故中失去肢體的孩子們提供幫助，甚至成為國際義肢發展計畫的發言人。

她們的故事告訴我們，身體的缺陷並不代表人生的終點，而是另一種新的開始。她們選擇了樂觀的人生態度，而這種選擇，讓她們活得比許多身體健全的人更精彩、更有影響力。

生活的選擇權在你手中

傑瑞是一家飯店的經理，他的口頭禪是：「我快樂無比！」無論遇到什麼困難或挑戰，他總是以最正向的方式回應。

5. 心態決定你的世界

有一天，傑瑞在飯店被持槍歹徒襲擊，身中數槍，傷勢嚴重。但在送往醫院的路上，他仍保持幽默感，當醫生問他是否對某些藥物過敏時，他大聲說：「是的，我對子彈過敏！」醫護人員哄堂大笑，而這種樂觀的心態，也讓他在鬼門關前撿回了一條命。

傑瑞後來說：「每天早晨醒來，我有兩個選擇——要麼選擇快樂，要麼選擇痛苦。而我，永遠選擇快樂。」

這就是心態的力量。

人生的際遇難以掌控，但我們可以選擇如何回應。當你選擇正面的心態，挑戰就變成了機會；當你選擇負面的心態，機會也會變成挑戰。

讓心態成為你的力量

人與人之間的最大差異，不在於背景、能力或機遇，而是在於心態。

一個負面的人，即使身處天堂，也會覺得不滿足；而一個正面的人，即使面對困境，也能找到希望。

無論生活給了你什麼樣的劇本，你都可以選擇如何演繹它。選擇樂觀，選擇希望，你會發現，人生的每一天都充滿了無限可能。

6. 你可以選擇快樂

在現實生活中,總是抱怨的人比樂觀的人多得多。抱怨並不能解決問題,反而會讓自己和周圍的人都陷入負面情緒的漩渦。世界上幾乎沒有人因為不停抱怨而變得快樂,因為這種心態只是在逃避現實,而非真正面對問題。

相反的,若能調整自己的思維,選擇樂觀地看待生活,事情往往會有不同的結果。當面對挑戰與困境時,與其沉溺於沮喪和無助,不如試著轉換角度,用不同的方式去思考,尋找生活中仍然值得珍惜與感恩的事物。

樂觀的力量

1980 年代,美國某大型保險公司進行了一項關於樂觀態度的研究。該公司聘用了 5,000 名業務員,並投入大量資金進行培訓。然而,一年內便有一半員工辭職,四年後,這批員工只剩下五分之一。

研究顯示,留下來的業務員都是心態樂觀的人。他們的銷售成績遠高於其他人——第一年比悲觀者高出 21%,第二年更是高出 57%。這證明了樂觀的態度不僅能影響個人的心理健康,還能直接影響職場表現與成功機會。

這些業務員面對拒絕與挑戰時,並沒有因為挫折而放棄,

反而選擇以樂觀的心態去調整策略，不斷努力，最終達成優異的成績。

別讓小事影響你的情緒

生活中，很多人都過於在意別人的眼光，對一些微不足道的事情過度反應，結果讓自己變得焦慮、痛苦。例如，俄國文豪安東・契訶夫（Anton Chekhov）在短篇小說《小公務員之死》（*The Death of a Government Clerk*）中，描述了一位公務員在戲院觀賞表演時，不小心把唾沫濺到了一位將軍身上。他立刻變得極度不安，反覆向將軍道歉，將軍只是隨意回應，並未放在心上。然而，這位公務員卻無法釋懷，最終因極度焦慮而一命嗚呼。

這個故事提醒我們，許多煩惱其實是自己放大的，若能放寬心胸，學會釋懷，生活將變得更加輕鬆自在。

在逆境中看到希望

發明家湯瑪斯・愛迪生（Thomas Edison）在幾十年的努力下，建立了一座設備完善的工廠與實驗室，這是他一生心血的結晶。然而，一場突如其來的大火摧毀了這一切。當人們為他的損失感到惋惜時，他卻淡然地對兒子說：「快去叫你母親來，這場大火是百年難得一見的壯觀景象！」

他的妻子不解地問:「你的工廠都燒成灰燼了,你怎麼還笑得出來?」

愛迪生笑著說:「不,我的錯誤和失敗全都被燒光了!現在我有機會重新開始,建造一座更先進、更完善的工廠。」

這樣的樂觀態度,使愛迪生迅速振作起來,並在此後的幾年內研發出更多創新的發明。這個故事告訴我們,無論遭遇何種困難,心態決定了一切──選擇沉溺於悲傷,還是將其視為成長的機會,完全取決於自己。

掌握人生的選擇權

人生最大的自由,就是選擇自己的態度。你無法掌控外在環境,但你可以決定如何回應它。

一個快樂的人,並非沒有煩惱,而是懂得將焦點放在美好事物上。他不會執著於過去的失敗,而是把握現在,迎向未來。快樂與否,並不取決於金錢、地位或外在條件,而是來自內心的選擇。

當你每天醒來時,可以選擇面帶微笑,迎接新的一天;當遇到困難時,可以選擇用正向的態度去解決問題;當面對失去時,可以選擇放下,迎接新的機會。

第 5 堂課

擺脫憂慮，掌控人生

當我們願意接受最壞的可能性時，我們就能放下焦慮，專注於解決問題。

—— 卡內基

1. 掌控自己的情緒

我們無法控制天氣變化，無法影響世界經濟走勢，但我們可以掌控自己的心境。當我們學會管理自己的情緒，保持冷靜與理智，才能真正駕馭人生，迎向成功。

研究顯示，在美國監獄中的受刑人，約 90% 是因為缺乏自制力而犯罪。他們在衝動之下犯下大錯，最終付出了自由的代價。這說明，自制力是避免陷入困境的關鍵因素。

在職場中，缺乏自制力也是許多人無法成功的原因。例如，一名業務員若因客戶的一句不滿就失控反駁，最終只會失去訂

單，甚至損害自己的職業前途。真正成熟的人，能控制自己的情緒，不讓情緒主導行動。

從挫折中找到力量

曾經有一位年輕的科技工程師，畢業後憑藉努力與才華，很快晉升為技術部副主管。然而，一次錯誤的決策讓他遭到降職處分，而此時，他的女友也選擇與他分手。這一連串的打擊讓他陷入極度的憤怒與沮喪，最終，他選擇了不理智的報復行為，導致自己身陷法律糾紛，前途盡毀。

這名年輕人本來擁有光明的未來，但因為無法控制情緒，最終毀了自己的人生。情緒管理的重要性不僅影響個人生活，也關乎整個人生的走向。

避免情緒的陷阱

（1）嫉妒

嫉妒讓人失去理智，專注於比較，而非自我成長。真正聰明的人，會將別人的成功視為激勵，而不是敵對。

（2）憤怒

憤怒會讓人說出後悔的話、做出無法挽回的事。許多人因為一時的情緒失控，失去了寶貴的友誼、職場機會，甚至讓自己陷入不可挽回的錯誤。

(3) 恐懼

過度擔憂未來,可能讓人錯失機會。許多人因為害怕失敗,選擇不嘗試,結果錯過了改變人生的機會。

(4) 憂鬱

憂鬱是一個無形的牢籠,讓人無法看見希望。若總是沉溺於過去的傷痛,就難以迎接新的可能性。

(5) 過度緊張

適度的緊張可以提高警覺,但過度緊張則可能導致失誤。例如,一名優秀的講者若在演講前過度焦慮,可能導致表現失常。

(6) 狂躁

狂躁使人缺乏耐心與計畫性,容易讓人做出草率的決策,導致長期的失敗。

(7) 猜疑

過度猜疑會破壞人際關係,讓人無法與他人建立真正的信任。莎士比亞的悲劇《奧賽羅》(*Othello*)就是最好的例子,男主角因為猜疑,最終親手毀掉了自己的幸福。

調整心態,改變命運

美國第16任總統亞伯拉罕・林肯年輕時,常因公開演講時緊張而表現失常,但他努力學習如何控制緊張,最終成為美國歷史上最偉大的演說家之一。林肯曾說:「一個人是否快樂,不

第 5 堂課　擺脫憂慮，掌控人生

取決於環境，而取決於他的心態。」

當我們學會駕馭情緒，就能掌控人生。我們無法選擇所有的遭遇，但我們可以選擇如何回應它。成功的人，並非沒有遇到困難，而是選擇以理智與樂觀的態度來面對。

2. 憂慮常源於無謂的擔心

許多人經常陷入憂慮之中，卻沒發現，自己所擔心的事情，往往根本不會發生。

卡內基曾回憶，童年時的自己充滿了各種恐懼與擔憂。他擔心被活埋，害怕遭閃電擊中，憂慮死後會下地獄，甚至害怕一個生病的大男孩真的會割掉他的耳朵──如同對方威脅他的那樣。他還擔心，當他脫帽向女孩們鞠躬時，她們會取笑他；甚至害怕長大後找不到願意嫁給他的對象。他經常花上數小時去思考這些「人生大事」，以至於無法真正快樂地度過童年。

然而，隨著時間推移，他發現自己所憂慮的事情中，99％根本不會發生。他開始用數據與機率來看待問題，例如：一個人被閃電擊中的機率只有幾十萬分之一，而在過去，人們擔憂的「活埋」事件，發生的機率甚至比被閃電擊中還要低。與其擔憂不可能發生的事，不如把注意力放在真正需要關注的問題上，例如健康問題，畢竟，每 8 個人中就有 1 人可能死於癌症。

2. 憂慮常源於無謂的擔心

這種無謂的憂慮並不僅限於孩童，許多成年人也活在過度擔憂之中。他們憂心生活中的種種問題，卻從未停下來思考：這些擔憂真的有必要嗎？

了解機率，化解憂慮

世界著名的保險公司——勞合社（Lloyd's of London），正是利用人們對未知災難的恐懼心理而賺進了龐大財富。人們為了保障未來，選擇投保，實際上這就是一場以機率為基礎的「賭局」。保險公司透過精確的數據分析，確保他們在這場「賭博」中永遠是贏家。

如果我們也能像保險公司一樣，以理性的機率觀點來看待自己的擔憂，就會發現，許多焦慮其實是不必要的。

曾有一位女性，一開始是個習慣性憂慮的人。她總是擔心家裡的瓦斯管會漏氣，擔心外出時爐火未關會導致火災，甚至在逛街購物時，也會突然焦慮不已，擔心孩子在公園裡是否安全，擔心得滿頭大汗後，便衝回家確認一切無恙。這種長期的焦慮，不僅影響了她的健康，也導致她的第一段婚姻以失敗告終。

後來，她的第二任丈夫，教會她如何用數據與邏輯思考問題。每當她開始焦慮時，他便引導她去分析「這件事發生的機率到底有多大？」

有一次，這對夫妻在新墨西哥州的公路上行駛，遇上暴風

第 5 堂課　擺脫憂慮，掌控人生

雨。妻子擔心車子會失控滑進溝裡，驚慌不已。但丈夫冷靜地說：「我現在開得很慢，滑進溝裡的機率很低。即使真的滑進去，車子翻覆的可能性仍然很小，我們不會受重傷的。」這句話讓她慢慢冷靜下來。

後來，在一次登山露營時，他們的帳篷在狂風中劇烈搖晃，妻子害怕帳篷會被吹走，整晚無法入眠。然而，丈夫告訴她：「我們上山前問過當地的原住民，他們在這裡住了數十年，從沒聽說過帳篷被吹走的事情發生，因此我們的帳篷被吹走的機率極低。」她聽了後，安心地入睡，而那個夜晚什麼也沒發生。

她回憶道：「學會用機率來分析問題後，我的焦慮感幾乎消失了，生活變得更加平靜與快樂。」

你所擔心的事，真的會發生嗎？

美國將軍喬治．克魯克（George Crook）曾說：「我們大部分的憂慮，都是來自自己的想像，而不是現實。」

商人彼特在回憶自己早年的經歷時，也發現自己曾因無謂的擔憂而折磨自己。他長期從佛羅里達州進口水果，每當他裝滿貨物的火車駛離，他就開始無止盡地憂慮：「如果火車失事怎麼辦？如果水果筐破了怎麼辦？如果橋面忽然斷裂，我的貨物掉進河裡怎麼辦？」這種焦慮導致他精神緊繃，甚至懷疑自己得了胃潰瘍，結果醫生告訴他：「你身體沒問題，問題在於你的精神壓力太大了。」

彼特反思後,開始計算這些事故的發生機率。他發現,自己過去 20 年裡,因火車事故損失的貨物次數只有五次,而這代表機率僅有五千分之一。再仔細回顧,他從未因橋梁斷裂而損失貨物,但卻因擔憂這種微乎其微的可能性,浪費了無數個夜晚。從那時起,他決定不再為不必要的憂慮耗費心力。

戰爭中的機率計算

在戰爭時,機率思維也能幫助士兵保持冷靜。二戰期間,士兵馬克斯塔特在奧馬哈海灘的戰場上,躲在散兵坑中。他焦慮地想:「這就是我的墳墓嗎?」當夜幕降臨,德軍的轟炸機來襲,他緊張到快要崩潰。然而,他開始提醒自己:「過去 5 天來,我一直活著,整個小隊也只有 2 人受傷,而這還是因為己方高射炮的碎片。德軍炸彈擊中我的機率有多高?」他開始計算,發現被炸中的機率不到萬分之一。這樣的分析讓他放下恐懼,最終成功存活下來。

類似的例子還有美國海軍的油輪士兵們,他們最初害怕魚雷攻擊,認為若油輪被擊中,他們必死無疑。然而,官方統計數據顯示,被魚雷擊中的油輪中,60% 都沒有沉沒,而即使沉沒,也有足夠時間棄船逃生。當士兵們得知這些數字後,他們的恐懼大大降低,情緒也恢復了穩定。

第5堂課　擺脫憂慮，掌控人生

面對憂慮，先查閱「紀錄」

前美國紐約州州長皮爾斯經常提醒部屬：「查閱紀錄。」這意味著，在憂慮之前，先看看過去的經驗是否支持這種擔憂。

許多我們擔心的事情，往往發生的機率極低。當你發現憂慮正在吞噬你的生活，不妨先問問自己：「這件事真的會發生嗎？發生的機率有多高？」當你以數據來看待問題，或許你會發現，這些憂慮根本是不必要的。

3. 放下過去，迎向未來

人生的旅途中，總會遇到岔路，每個選擇都意味著新的可能性。但一旦做出了決定，就應該專注於前方，而非回頭遙望錯過的風景。每一條路都有其獨特的景色與終點，重要的是走好自己選擇的道路，而不是沉溺於對另一條路的遺憾。

許多人習慣於計算自己「失去了什麼」，卻很少思考「擁有了什麼」，或是「正在獲得什麼」。然而，過去已經過去，我們無法改變它，唯一能做的，就是從過去的經驗中學習，讓自己未來的每一天過得更好。

當我們執著於過去的憂慮時，其實只是在浪費生命。與其沉浸在懊悔與不安中，不如學會放手，讓過去成為過去。

放下對過去的執著，才能適應新的生活

珍妮是一名大學新生，剛入學幾個月，就已經請假回家好幾次，並且主動向心理諮商師求助。她表示，自己總是想念家鄉的一切，懷念過去熟悉的環境，甚至時常回憶起高中生活，導致自己在大學裡無法專心學習，感覺心神不寧。

這種狀態被心理學稱為「回歸心理」（Regressive Mentality），即一種過度戀舊、沉溺於過去的情緒反應。適度的懷舊是正常的，但若長期無法適應新環境，便會影響學習與生活，甚至產生焦慮與壓力。因此，對於剛進入新環境的人來說，學習如何調適心態、適應變化至關重要。

學習接受新挑戰，而非沉溺於過去的成就

彼得曾經是高中時期的風雲人物，無論是成績還是人際關係，都十分出色。然而，當他進入大學後，一切都變了。他發現自己無法像以前那樣輕鬆拿到好成績，周圍的同學也不像過去那樣親密友善。短短兩個月內，他便連續兩次數學考試不及格，其他科目也表現不佳，這讓他深感挫敗。

他無法理解：「我並不比別人少努力，為什麼別人能做到的，我卻做不到？」他開始懷疑自己過去的努力是否毫無意義，甚至產生了放棄學業的念頭。

第 5 堂課　擺脫憂慮，掌控人生

心理學家指出，新環境帶來的挑戰，往往會讓人不自覺地與過去比較，這種對比可能加深「回歸心理」，讓人更難適應變化。彼得的問題不在於他的能力不足，而是他過度執著於過去的成功，無法放下舊有的優勢來適應新的環境。如果他能夠正視目前的困境，並調整心態，他將能夠重新建立自信，迎接新的挑戰。

克服「回歸心理」的實用方法

心理學專家建議，面對新環境的不適應時，可以採取以下幾種方法來幫助自己放下過去，迎向未來：

(1) 主動建立新的人際關係

俗話說：「一回生，二回熟，三回成朋友。」即使是最親密的朋友，最初也曾是陌生人。試著主動與同學交流，分享彼此適應新環境的經驗，這能幫助自己發現，許多人其實都有相似的適應問題，這種情感共鳴將有助於心理上的調適。

(2) 培養新的興趣與習慣

專注於學習之外的活動，如運動、音樂、寫作或社團參與，能夠幫助自己分散對過去的依戀，逐漸融入新的環境。例如，一名大學新生在加入學校籃球隊後，不僅結交了許多新朋友，也讓自己有更多機會體驗大學生活的樂趣，從而擺脫對高中時期的過度留戀。

(3) 適度與家人或老朋友保持聯繫

與老朋友、家人保持一定的聯繫，有助於減輕思鄉情緒，但要避免過度沉浸在過去的回憶中。當感到孤獨時，可以與老朋友分享近況，但同時也應該主動嘗試認識新朋友，讓自己更快適應新的環境。

(4) 改變思考方式，擁抱未知的可能性

當一個人沉溺於「過去的美好」時，很容易忽略「現在的機會」。試著換個角度思考：現在的環境可能帶來哪些新的可能性？未來是否有更值得期待的事情？如果我們願意放下對過去的執著，就能更專注於眼前的機會，從而擁有更多選擇與成長的可能。

讓過去的就成為過去

曾有一名成功的企業家分享他的故事。他年輕時，因為錯誤的投資決策，導致公司虧損了數百萬美元。起初，他無法接受這個失敗，整日沉溺於懊悔與自責之中。然而，他最終意識到，無論他怎麼後悔，過去的錯誤都無法改變。於是，他選擇振作起來，從失敗中吸取教訓，重新開始。幾年後，他成功創立了一家更強大的企業，成為業界的佼佼者。

他說：「如果我一直停留在過去的失敗裡，那麼我永遠不可能成功。」

無論是學生、職場人士，還是任何在人生旅途中遭遇挑戰

第 5 堂課　擺脫憂慮，掌控人生

的人，放下過去、專注當下，都是邁向成功的關鍵。過去的經驗可以是借鏡，但不應該成為阻礙前行的枷鎖。

與其不斷回顧錯過的風景，不如欣賞當下的景色，並期待未來的精彩。因為真正的快樂與成功，永遠屬於那些願意向前看的人。

4. 把握當下，創造未來

現代社會的進步讓我們擁有前所未有的便利與舒適。然而，許多人仍沉迷於過去，或是將幸福寄託於未來，而忘了珍惜當下。

有些人執著於過去的成功，懊悔曾犯下的錯，或過度憧憬未來，期待有一天能夠改變現狀。結果，他們不是無法放下過去，就是無法專注於當下，最終錯過了真正擁有的──今天。

失去與意外，不該毀掉今天

艾莉絲是一名來自澳洲的旅遊作家，某次她獨自到義大利旅行，計劃寫一本關於當地文化與美食的書。然而，她在抵達佛羅倫斯的第一天，就遭遇了意外──她的背包被偷了，裡面裝著護照、信用卡與所有現金。

當她發現自己身無分文時，心中充滿了焦慮與懊悔，她想著：「這場旅程毀了，接下來該怎麼辦？」但她冷靜下來後，告

4. 把握當下，創造未來

訴自己：「現在我能做的不是抱怨，而是去面對。」

於是，她報警後，決定繼續探索這座城市。她在當地人的幫助下，發現了一家溫暖的家庭餐館，與店主聊天，聽他講述關於這座城市的故事，還記錄了許多獨特的文化細節。

最後，她不僅完成了自己的旅行計畫，還把這次經歷寫成了一篇文章，讓她的書籍更加豐富生動。多年後，她回憶這次旅程時說：「我很慶幸自己沒有因為一個背包被偷而毀掉整趟旅行，反而讓它成為我人生中最美好的經驗之一。」

這個故事告訴我們──無論發生什麼，都不要讓一件意外影響你的今天。

不要為未來的幻想，犧牲現在的機會

如果你總是將目光放在未來，期待擁有更好的物質條件、更高的社會地位，而忽略了現在的幸福，那麼即使未來真的實現了你的夢想，你也可能依然不滿足，因為你從未學會享受當下。

許多人以為，只有未來才能帶來真正的快樂。他們不願珍惜當下，卻夢想著某一天會變得富有，然後捐出鉅款做慈善事業。但問題是，誰能保證這一天一定會來？又有誰能確定，今天不快樂的人，明天就一定會快樂呢？

第 5 堂課　擺脫憂慮，掌控人生

學會專注於當下

瑞典企業家湯瑪斯在創業初期曾面臨巨大的挑戰。他的公司因市場競爭激烈，面臨財務困境。他的夥伴建議暫時關閉公司，等待更好的時機再重新開始。

但湯瑪斯選擇了不同的做法，他告訴自己：「如果我現在放棄，未來也不會有更好的機會。我唯一能做的，就是把握今天。」

於是，他決定調整策略，專注於現有資源，並透過創新的行銷方式吸引新客戶。結果，公司不僅度過了危機，還成功發展為歐洲知名的科技品牌。

如果你能夠把握當下，全力以赴，那麼未來自然會變得美好。

今天的努力，決定明天的收穫

過去的成功已成歷史，未來的幸福仍是未知，唯一能真正掌握的，只有當下的努力。如果你希望擁有更好的未來，就必須從今天開始努力，而不是坐等明天的機會。

如果今天能享受工作、珍惜人際關係、感恩生活中的小確幸，那麼明天的你，將會擁有更豐富的快樂與成就感。

無論遇到什麼困難，請記住：不要讓昨天的遺憾影響今天，也不要讓對明天的憂慮奪走你享受當下的能力。只有把握好今天，才有美好的明天。

5. 正視憂慮，將其轉化成動力

每個人都有夢想，然而，實現夢想的過程往往比想像中漫長。這其中不僅有外在的挑戰，還有內心的掙扎，其中，憂慮便是阻礙我們前進的重要因素之一。

許多人害怕面對夢想成真後所需承擔的風險，卻忽略了任何決定本就伴隨風險。成功者與猶豫不決者的最大差異，在於是否能正確看待憂慮並勇敢邁出第一步。

把憂慮轉化為動力

與其讓憂慮成為阻力，不如將其視為自我成長的契機。憂慮提醒我們審慎評估，但不應該成為我們止步不前的理由。面對不確定性時，我們應該向朋友、家人尋求支持，也要學會信任自己的能力，從過去的經驗中汲取勇氣，逐步培養迎接挑戰的自信心。

失意時的慰藉

人們在面臨失意時，會特別渴望安慰與支持。無論是因重大變故，還是因一句無心之語而受傷，我們的內心都希望找到慰藉。而這些慰藉可以來自於親友的陪伴、對自己的接納、閱讀一本好書，甚至是來自心靈的寄託。

第 5 堂課　擺脫憂慮，掌控人生

真實故事的啟示

艾莉莎從小就深信，在她感到無助時，總有一股力量會支持她。她曾想像這是一雙溫暖的手，無論何時何地，都會將她擁入懷中。然而，當她長大後，現實的壓力讓她開始質疑這種信念，甚至對未來感到冷漠。

某天，在她最疲憊無助的時候，她低聲說：「請幫幫我。」就在那一刻，她彷彿感受到一股溫暖的力量包圍著她，使她重新找回內心的平靜。她意識到，這份力量來自她的信念，也來自於那些一直支持她的人。

憂慮與希望的選擇

當我們陷入憂慮時，請試著停下腳步，靜心感受並將這些經驗視為成長的機會。憂慮或許會如影隨形，但只要我們選擇希望，便能驅散黑暗，迎向光明。堅持信念，絕不輕易放棄，因為只要懷抱希望，明天便會以微笑迎接我們。

憂慮是成功的絆腳石，而希望則是指引我們前進的燈塔。當我們學會駕馭內心的不安，便能在人生的道路上勇往直前，擁抱更美好的未來。

6. 做自己，無須討好所有人

沒有人能取悅所有人，若一味迎合他人的期望，勢必失去某些人的尊敬，更可能失去真正的自己。

人生如同舞臺，每個人都渴望站上舞臺接受掌聲，但許多站在聚光燈下的人，為了維持既定形象，不得不戴上面具，壓抑真實情感，久而久之，甚至忘了自己的本質。

被形象束縛的代價

英國知名歌手艾美・懷絲（Amy Winehouse）就是典型的例子。身為全球知名的音樂人，她不得不迎合大眾對她的期待，努力維持她在媒體前的形象。然而，這個形象與她的真實自我相去甚遠。為了維持這種假象，她承受巨大壓力，最終因過度攝取酒精而英年早逝。

艾美的經歷，是否也是許多人內心的寫照？

明明傷心，卻強顏歡笑；明明想愛，卻裹足不前；明明不願做某事，卻勉強自己迎合他人；明明滿腔怒火，卻不敢表達。

找回內心的自由

試著比較自己在他人面前的表現與內心真實感受之間的差距，問問自己：是否為了形象而壓抑情感？是否覺得自己活得

第 5 堂課　擺脫憂慮，掌控人生

虛偽、表面？如果答案是肯定的，那麼，為何不瀟灑地摘下面具，勇敢做自己呢？

只要認為是對的，就去做那些過去因顧慮形象而不敢嘗試的事，說出從前不敢表達的想法。生活中最快樂的方式，就是拋開偽裝，真實地活著。

幸福來自內心的滿足

人生在世，不論再努力，都無法討好所有人。我們應該追求的是自我價值的實現，而非他人的認可。真正的滿足感，並不取決於是否比別人優秀，而在於內心是否感到幸福。

艾莉就是個活生生的例子。

某天下午，艾莉正在彈鋼琴，七歲的女兒走過來聽了一會兒，然後說：「媽媽，妳彈得不怎麼好。」

沒錯，艾莉的琴藝確實不精湛，任何認真學琴的人聽了都可能搖頭，但是她不在乎，因為她彈得很開心。她也享受自己不高明的歌唱、繪畫，甚至曾經對笨拙的縫紉感到滿足，後來因為不斷嘗試，竟然進步不少。

艾莉的快樂，不在於她做得多好，而是她從不為迎合別人而勉強自己。

6. 做自己，無須討好所有人

競爭讓興趣變成壓力？

如今的社會競爭激烈，甚至連興趣愛好都成了一場較量。慢跑不再是穿雙運動鞋在公園裡輕鬆跑幾圈，而是得裝備齊全、定期訓練；跳舞不再是單純的休閒娛樂，而是每週六小時熱身運動、四小時高強度課程，才算「真正跳舞」。

有些人甚至連簡單的編織也要做到極致。一位朋友對艾莉說：「讓我教妳用捲線織法來編織一件開襟毛衣，毛線是我自己染的，上面有十二隻小鹿在跳躍。」

艾莉心想，為什麼要搞得這麼複雜？她只是為了享受編織帶來的樂趣，而不是為了證明自己有多厲害。

幸福不需要別人認可

從艾莉的故事可以看出，她之所以感到幸福，正是因為她不為了取悅別人而改變自己。許多人誤以為，成功者之所以快樂，是因為得到了世界大多數人的認可。然而，真正的幸福不需要外界的肯定，而是來自內心的滿足。

有則寓言說，一隻小貓不斷追逐自己的尾巴，因為牠認為幸福就在那裡。然而，一隻大貓告訴牠：「我曾經也認為幸福就在尾巴上，但無論我如何追逐，它總是逃離我。然而，當我專注於做自己該做的事時，幸福便自然跟隨我。」

第 5 堂課　擺脫憂慮，掌控人生

　　這則故事告訴我們，幸福是一種內心的狀態，而不是來自外界的肯定。

　　與其拚命討好別人，不如忠於自我。當你拋開社會的標準與外界的眼光，找到內心真正的快樂，你會發現，幸福從未遠離。

第 6 堂課

確立方向,目標是成功的關鍵

我們應專注於眼前明確的事物,而非困惑於遙遠模糊的目標。

―― 卡內基

1. 清楚的目標讓你更接近成功

擁有清晰目標的人,生活更有動力,行動更具效率,成功的機會也更大。若只關注眼前瑣事而忽略整體格局,就像只看到一片樹葉,卻忽略了整片森林。努力與善良雖然重要,但若沒有明確的目標,便無法衡量自己的成就,也難以真正邁向成功。

在確立明確的目標前,人往往會將精力分散在許多事務上,不僅無法專精,反而會變得猶豫不決。當一個人將所有心力集中於一個目標,便能發揮聚焦效應,產生強大的推動力。

正如空氣對生命的重要性,目標對於成功者來說同樣不可或缺。如果沒有空氣,人無法生存;如果沒有目標,人無法成功。

第 6 堂課　確立方向，目標是成功的關鍵

目標成就非凡人生

莎拉・布蕾克莉（Sara Blakely）是美國知名的企業家，從小她就夢想著擁有自己的事業。畢業後，她在迪士尼樂園工作了一段時間，隨後成為銷售員，推銷影印機。然而，她心裡始終不願停留在這樣的生活中。

她意識到市場上缺乏一種能夠讓女性穿著舒適、同時修飾身形的貼身衣物，於是，她開始著手研發一款能夠解決這個問題的產品。儘管沒有設計經驗，也沒有時尚業的背景，她仍然憑藉對市場需求的敏銳洞察力，以及對成功的堅定信念，一步步推動自己的創業計畫。

她投入全部積蓄，歷經數百次試驗，終於設計出一款革命性的無縫塑身衣──這便是後來風靡全球的品牌「Spanx」。起初，沒有人相信這個產品有市場，但她依舊不放棄，親自到百貨公司推銷，甚至親身示範，證明產品的優勢。

最終，她的產品獲得市場認可，並迅速成為銷售熱潮。後來，著名主持人歐普拉・溫芙蕾（Oprah Winfrey）公開推薦這款塑身衣，讓「Spanx」一舉成名，莎拉・布蕾克莉也因此成為全球最年輕的白手起家億萬富翁之一。

她的成功並非偶然，而是來自於明確的目標、不懈的努力，以及不被質疑聲音動搖的決心。

目標帶來動力，推動人生前行

你能想像嗎？一名普通的推銷員，因為擁有明確的目標與堅定的信念，最終打造出全球知名品牌，並成為億萬富翁。這正是目標的力量。

人生若沒有目標，就容易失去方向，陷入碌碌無為的狀態。每一個成功人士的背後，都有一個明確且持續努力的方向。

正如發明家湯瑪斯・愛迪生曾說：「一心向著目標前進的人，整個世界都會為他讓路。」歷史上所有留下深遠影響的人，無論來自哪個領域，皆是因為擁有清晰的目標，並為之努力不懈，最終創造偉大的成就。

目標讓世界運轉不息

世間萬物皆在尋找方向，而正因為有了目標，世界才變得豐富多彩。即使歲月變遷，環境變化，目標卻能指引人們不斷前進，帶來希望與成功。

2. 逐步實現目標

有人問：「如何吃掉一隻大象？」這個問題聽起來很難回答，但實際上，答案很簡單──「一口一口地吃」。同樣地，實現一

第 6 堂課　確立方向，目標是成功的關鍵

個遠大的目標，就像吃掉一隻大象一樣，不能一蹴而就，而是需要拆解成一個個小目標，逐步完成。

世界上沒有捷徑可一步登天，只有腳踏實地，才能穩步向前。先根據自身條件確立目標，然後再將其細分為數個可執行的小目標，每完成一個小目標，都能帶來成就感與自信，從而讓最終的大目標更容易達成。

這就如同建造房屋，建築師會先繪製詳細的藍圖，規劃房間結構與家具擺設，然後再由建築團隊按計劃逐步施工。目標設定與執行同樣如此，需要清晰的規劃與按部就班的執行，才能最終建造出一座穩固的建築。

以小目標驅動大成就

在運動界，也有許多成功案例證明了「分段實現目標」的威力。知名長跑選手埃利烏德·基普喬蓋（Eliud Kipchoge）便是一個典型的例子。他是馬拉松史上第一位跑進兩小時內的運動員，創造了人類耐力運動的奇蹟。

但在最初的訓練階段，即使是像他這樣的世界級選手，也無法一開始就輕鬆跑完全程。他的策略不是直接衝向終點，而是將賽道分為數個階段，每完成一段就重新調整狀態，確保節奏穩定。

基普喬蓋的成功，來自於他對時間與體能的精確控制，以及

對目標的分段拆解。他知道，若一開始就只盯著終點，四十二公里的距離將會讓人卻步，但如果將整個賽程拆解為一段段小目標，專注於當下的步伐，就能逐步推進，最終突破極限。

逐步前進，避免過度壓力

同樣的道理也適用於任何領域。美國著名作家史蒂芬・金（Stephen King）在年輕時，立志成為一名小說家，但面對寫作這項龐大的工作，他曾一度感到無從下手。後來，他決定每天只寫一千字，不管靈感是否充足，他都堅持這個小目標。結果，這種每日累積的方式，讓他成功出版了數十本暢銷小說，並成為當代最受歡迎的作家之一。

這正是「積小勝為大勝」的最佳例證。許多人在追求大目標時，因為過於遙遠而容易喪失動力，最終選擇放棄。但如果能將其拆解為「次目標」，並透過持續達成小目標來建立信心，那麼最終的成就將水到渠成。

不要陷入小目標的迷思

然而，雖然將大目標拆解成小目標是成功的重要策略，但也不能只滿足於眼前的小成就，而忘記最終的願景。

曾有一則報導提到，某海域發生三百隻鯨魚死亡的事件。原來，這些鯨魚為了捕食沙丁魚，不知不覺地游進了一處封閉

第 6 堂課　確立方向，目標是成功的關鍵

的海灣，最終無法脫身而喪命。這正說明了一個道理：如果只關注短期的小利益，而忽略長遠的方向，可能會導致無法挽回的損失。

在現實生活中，許多人解決了眼前的困難後便滿足於現狀，不再繼續奮鬥，最終發現自己始終停留在原地，無法達成更大的目標。因此，設立小目標的同時，也要隨時提醒自己，它只是通往最終成功的過程，而非最終的成就。

無論是在事業、學業，還是個人成長上，目標的分解與實現都是關鍵。先訂定可行的小目標，逐步累積經驗與成就，才能確保最終的大目標能夠順利達成。

3. 鎖定目標，全力以赴

中國古代哲學家荀子曾說：「鍥而捨之，朽木不折；鍥而不捨，金石可鏤。」這句話的意思是，若半途而廢，連腐朽的木頭都無法折斷；但若堅持不懈，即使是堅硬的金石也能被雕刻。這說明了成功並不僅僅來自於目標的設定，更重要的是持續專注於這個目標，不因外界干擾而分心。

許多人擁有目標，卻最終未能達成，這往往是因為注意力不夠集中。若今天想成為行銷專家，明天又想轉向管理領域，後天再改行設計，那麼最終可能一事無成。成功的關鍵在於專

注，就像一位好獵人，他的眼中只有獵物，而不會被周圍的景象分心。

目標明確，才能事半功倍

有一位老獵人帶著三個兒子去狩獵，他問三個兒子：「你們看到了什麼？」

老大說：「我看到了獵槍、野兔和廣闊的草原。」

老二說：「我看到了爸爸、大哥、弟弟、獵槍和草原。」

老三卻只回答了一句：「我只看到野兔。」

父親微笑地說：「你答對了。」果然，當天老三獵到的兔子最多。

這個故事說明了專注目標的重要性。許多人今日設定一個目標，明日又變換方向，這樣只會消耗時間與精力，最終一無所成。

找對目標，才能穩健前行

有一位年輕農夫，每次耕田時，犁出的田壟總是歪歪斜斜。他的父親提醒他：「選定一個固定的目標，朝著它前進，你的田壟就會筆直。」

年輕農夫於是將遠方的一頭牛當作目標，但結果仍然不理想。父親解釋：「牛是會移動的，你的目標若不固定，自然會走偏。」

第 6 堂課　確立方向，目標是成功的關鍵

　　於是，這次農夫選擇了一棵遠方的大樹作為目標，結果，他成功犁出了一條筆直的田壟。

　　這個故事告訴我們，目標必須清晰且穩定，否則就無法保持前進的方向。三心二意只會讓人原地踏步，甚至走上錯誤的道路。

成功者的堅持

　　華語音樂界的巨星周杰倫，如今已成為華語流行樂的代表之一。然而，他的成功並非一蹴可幾，而是來自於對音樂夢想的執著堅持。

　　少年時期的周杰倫，家境並不富裕，父母離異讓他承受了極大的心理壓力。然而，他的母親從小就鼓勵他學習音樂，並培養他的創作才華。高中畢業後，周杰倫曾做過餐廳服務生，靠打工維持生計。

　　後來，他參加了一檔音樂選秀節目，雖然沒有脫穎而出，但卻被吳宗憲發掘，進入唱片公司工作。他創作了大量歌曲，卻屢次被歌手拒絕。即便如此，他仍未放棄，依然堅持自己的音樂風格，最終，憑藉專輯《Jay》一舉成名，開創了華語流行音樂的新潮流。

　　成功來自於持之以恆的努力，並不因短期挫折而放棄夢想。

3. 鎖定目標，全力以赴

另一位成功的例子是知名導演李安。在成名之前，他經歷了長達六年的低谷期，這段時間裡，他沒能拍攝任何電影，一度成為家庭主夫，負責買菜做飯，照顧孩子。

然而，他從未放棄自己的電影夢想。他利用這段時間不斷寫作劇本，儘管屢次被拒絕，依然咬牙堅持。最終，他的才華獲得賞識，成功拍攝了《推手》、《喜宴》、《飲食男女》等經典作品，並在之後憑藉《臥虎藏龍》、《斷背山》、《少年 Pi 的奇幻漂流》等作品獲得奧斯卡殊榮，成為世界級的導演。

李安的故事告訴我們，夢想之所以能實現，來自於不懈的努力與對目標的堅持。即使面對長時間的沉寂與挫折，只要信念不變，終究能夠迎來屬於自己的成功時刻。

鎖定目標，不讓人生虛度

許多人因缺乏明確目標而蹉跎歲月，無論是學業、職場或人生發展，若沒有清晰的方向，就容易迷失在各種選擇之中。設定目標時，必須選擇一個穩定且符合自身發展的方向，並全力以赴，才能達成真正的成功。

人生的成功關鍵，在於目標的設定與堅持的執行。當你確立了方向，就要排除干擾，全心投入，只有這樣，才能真正實現自我價值，走向成功之路。

第 6 堂課　確立方向，目標是成功的關鍵

4. 找到榜樣，邁向成功的道路

年輕時，我們或許對未來感到迷茫，即使擁有夢想，也不確定該如何實現。這時候，找到一位值得學習的榜樣，往往能讓我們看見成功的軌跡，幫助我們規劃前進的方向。

榜樣可以是老師、家人、朋友，也可以是知名企業家、藝術家、運動員，甚至是身邊默默努力的人。學習榜樣並不只是模仿他們的成功方式，更重要的是學習他們如何為人處世、如何堅持信念、如何面對挑戰。當我們找到適合自己的榜樣，並學習他們的精神與態度，我們便能離成功更進一步。

自學建築的傳奇之路

1941 年，一名小男孩出生於日本大阪的一個貧寒家庭。他從小對建築產生興趣，曾與木匠大叔合作，在家中加蓋了一間閣樓，這成為他對建築的最初體驗。然而，由於家境困難，他無法如願進入大學建築系就讀，只能從事家具製作與室內裝潢的工作。

就在他迷惘之際，他偶然發現了瑞士建築大師勒・柯比意（Le Corbusier）的作品集，立刻被其獨特的設計風格所吸引。他得知柯比意並未受過正式的高等教育，而是透過自學與旅行學習建築。於是，他決定將柯比意視為自己的榜樣，並以「偶像複製」的方式學習。

4. 找到榜樣，邁向成功的道路

　　他白天工作，晚上自學，花了一年時間研讀大學建築系的教科書。接著，他開始環遊世界，親身觀察各地的建築風格。經過二十多年的努力，他終於成為一位國際知名的建築師。1987 年，他被耶魯大學、哥倫比亞大學、哈佛大學等世界頂尖學府聘為客座教授；1995 年，他榮獲建築界最高榮譽「普立茲克建築獎」(Pritzker Architecture Prize)。

　　這位自學成才、改變世界建築風格的人，正是日本建築大師安藤忠雄。

　　安藤忠雄的故事告訴我們，學習榜樣並不是盲目模仿，而是將榜樣的精神內化為自己的力量，然後付諸行動。當我們確定了方向，並努力朝目標前進，成功便不再遙遠。

超越自我，創造奇蹟

　　榜樣的力量在體育界也尤為明顯。田徑選手埃利烏德・基普喬蓋是馬拉松界的傳奇人物，他是第一位在兩小時內跑完馬拉松的選手。然而，他的成功並非偶然，而是因為他從小便將傳奇長跑選手保羅・特加特（Paul Tergat）視為榜樣，並不斷向他學習。

　　基普喬蓋曾在訪談中提到：「我觀看了特加特的每一場比賽，分析他的跑步策略，學習他的訓練方式。我知道，如果他能做到，那麼我也可以。」最終，他不僅達成了自己的夢想，甚至超越了自己的偶像，成為歷史上最偉大的馬拉松選手之一。

第 6 堂課　確立方向，目標是成功的關鍵

學習榜樣，開啟成功的道路

榜樣不僅能夠指引我們前進，還能讓我們在困難時獲得力量。許多成功人士的故事都證明了，確立榜樣並持續努力，是通往成功的有效方式。

學習榜樣的過程，不僅能讓我們少走彎路，也能讓我們更快找到適合自己的方法。當我們擁有清晰的目標，並朝著榜樣的方向努力時，我們將更有機會實現夢想，甚至超越我們的榜樣，開創屬於自己的輝煌。

無論是事業、學業，還是人生規劃，找到合適的榜樣都能幫助我們更快達成目標。學習榜樣不只是學習技術，更是學習他們的態度、毅力與精神。當我們朝著榜樣的方向前進，並堅持不懈地努力，我們也能夠創造屬於自己的成功之路。

5. 進取心決定人生高度

為何有人成功，有人平庸？許多心理學家指出，決定人生成就的關鍵不在於天賦，而在於「心態」。一位哲人曾說：「你的心態，就是你真正的主人。」另一位偉人則指出：「要麼你去駕馭生命，要麼就是生命駕馭你。你的心態決定誰是掌控者，誰是被動者。」

5. 進取心決定人生高度

法國軍事家拿破崙（Napoleon）曾說：「不想當元帥的士兵，不是好士兵。」這句話完美詮釋了成功者的「進取心」——即使目標遠大，也要勇於追求，才能讓自己立於不敗之地。

所謂進取心，並非貪得無厭，而是對更高成就的渴望與行動力。擁有進取心的人，能夠將這種強烈的意志貫徹到每一天的行動中，進而改變人生的軌跡。

從創業到太空探索

當今世界最具影響力的企業家之一，伊隆·馬斯克（Elon Musk），便是進取心的最佳典範。他從小對科技與宇宙充滿熱情，立志要改變世界。早年，他共同創立了線上支付公司PayPal，並在事業有成後，沒有選擇安逸，而是將目標轉向更具挑戰性的領域——電動車與太空探索。

他創辦的特斯拉（Tesla）在電動車產業開創新紀元，並顛覆了傳統汽車市場。隨後，他成立SpaceX，立志讓人類成為「多星球物種」，儘管初期經歷了數次火箭發射失敗，但他從未放棄，最終成功將火箭送上太空，並實現可重複使用的技術。

成功來自於強烈的進取心與不懈努力。馬斯克不僅勇於設定宏偉目標，更在面對困難時保持堅持，最終改變了世界。

第 6 堂課　確立方向，目標是成功的關鍵

物流業的革命

亞馬遜（Amazon）創辦人傑夫‧貝佐斯（Jeff Bezos）也是一位擁有極強進取心的企業家。他原本在華爾街擔任金融分析師，擁有穩定的高薪職位。然而，在網際網路興起之際，他毅然放棄高薪，選擇創業。

他的目標並不只是建立一個線上書店，而是要創造一個全球最大的電子商務平臺。最初，亞馬遜面臨資金短缺、物流挑戰等問題，但貝索斯始終保持強烈的進取心，不斷優化商業模式，最終將亞馬遜發展成全球最具影響力的企業之一。

進取心是成功的動力

擁有進取心的人，不會滿足於現狀。他們總是渴望突破極限，不斷向前。反之，缺乏進取心的人，即便機會擺在眼前，也未必能抓住。

成功人士往往會為自己設定長遠目標，並規劃達成這些目標的具體步驟。他們深知，人生的每一步都至關重要，唯有透過不斷努力，才能打破限制，實現真正的飛躍。

野心與進取心，並非貪婪，而是追求卓越的動力。擁有進取心的人，能夠在競爭激烈的環境中脫穎而出，最終實現夢想。

5. 進取心決定人生高度

　　當你立志成為更好的自己，並願意為之努力時，人生的舞臺將無限延展。只有那些不滿足於平庸、不斷挑戰極限的人，才能創造非凡的人生。

第 6 堂課　確立方向，目標是成功的關鍵

第 7 堂課

把握良機，化不可能為可能

未曾為明天做好準備的人，終將錯失未來。

—— 卡內基

1. 機會青睞有準備的人

一隻蜘蛛在築網後，靜靜等待獵物自投羅網，這是大自然的法則——機會總是青睞那些事先準備好的人。若希望獲得成功，必須像蜘蛛一樣，先搭建好自己的「成功之網」，耐心等待機會來臨。

一位退休教授長年巡迴鄉村學校，分享教學經驗，深受學生們喜愛。有一天，他在一所學校結束演講後，告訴學生們：「下次我來時，會送給桌椅最整潔的學生一份神祕禮物。」

從此，每當教授即將來訪的星期三，學生們便特別整理自己的課桌。然而，其中有一名學生擔心教授會隨時出現，因此每天都保持桌椅整潔，甚至每小時整理一次，確保隨時迎接教

授的到來。

最終,教授並未如約送出神祕禮物,但這位學生卻在這個過程中獲得了一項更寶貴的習慣——自律與準備。他不再是為了教授的獎勵而整理,而是發自內心地維持自己的學習環境。

這個故事告訴我們,真正的機會往往不會提前預告,而是降臨在那些隨時準備好的人身上。

成功來自於持續播種

美國企業家霍華‧舒茲(Howard Schultz)曾經是平凡的中產階級,他的家庭並不富裕,父母也沒有特殊的人脈。然而,他始終相信:「如果希望未來有機會降臨,那麼現在就要開始播種。」

年輕時,他從底層業務員做起,學習咖啡市場的運作模式,並不斷研究如何創造與眾不同的消費體驗。當他發現一家名為星巴克(Starbucks)的咖啡公司時,他看到了改變咖啡文化的機會。於是,他努力說服公司投資他的創新理念,最終將星巴克從一家小型連鎖店發展成全球最大的咖啡品牌。

舒茲的成功來自於他不斷地「播種」。他不只是等待機會降臨,而是不斷學習、累積人脈、培養市場敏感度,最終在適當的時機抓住改變世界的機會。

這告訴我們:不要羨慕別人的成功,而應該思考自己是否已經播下未來成功的種子。機會從來不會憑空而來,而是需要我們不斷地努力與準備,當合適的時機出現時,才能抓住它。

機會來自於行動,而非等待

許多人終其一生都在等待一個「改變命運的機會」,然而真正的機會往往來自於當下的每一個選擇與行動。成功者與平庸者的差別,不在於誰擁有更多的運氣,而在於誰能夠比別人更早開始準備,並勇敢抓住機會。

機會並非憑空出現,而是來自於持續的努力與準備。與其羨慕別人的成功,不如開始耕耘自己的未來,為將來的機會做好準備。當機會來臨時,那些隨時準備好的人,才能把握住改變命運的瞬間。

2. 鍛鍊洞察機遇的眼光

機遇無處不在,但只有那些隨時保持警覺、具備敏銳直覺的人,才能在關鍵時刻做出正確的選擇。許多人之所以錯失機遇,並非沒有機會,而是因為缺乏發現機會的能力,或是猶豫不決,害怕失敗。

真正成功的人,能夠在平凡的事物中發現不平凡的商機。他們懂得留意身邊的變化,透過細微的觀察,發掘尚未被人注意的機會,進而做出大膽決策,讓機會變成現實。

第 7 堂課　把握良機，化不可能為可能

培養市場敏銳度

在商業世界中，那些能夠持續創新的企業家，通常具備極高的市場敏銳度。他們不僅能夠察覺市場趨勢，還懂得如何將機遇轉化為實際行動，避免錯失良機。

舉例來說，知名企業家黃仁勳在創辦輝達（NVIDIA）時，市場對於圖形處理器（GPU）的需求並不明顯。然而，他憑藉對市場的洞察，認為未來的計算領域將需要更強大的圖像處理能力，於是毅然投入研發。如今，NVIDIA 已成為全球半導體產業的領導者，廣泛應用於人工智慧、遊戲和數據運算領域。

這證明了，當你具備敏銳的市場直覺，並能夠勇敢抓住機遇時，就能在競爭激烈的環境中脫穎而出，甚至開創全新的產業格局。

機遇不會等待，行動才能成就未來

在現實生活中，許多人之所以與機遇擦肩而過，不是因為他們沒有機會，而是因為他們缺乏行動力。當機遇出現在眼前時，若猶豫不決、害怕風險，那麼機會最終將流向更果斷的人手中。

真正的成功來自於敏銳的觀察、果敢的決策與迅速的行動。當我們能夠培養市場敏感度，並勇於嘗試新的機會時，成功便會離我們更近一步。

機遇從來不會主動敲門，它只會青睞那些隨時準備好、具備敏銳洞察力的人。當你能夠善於觀察、發現市場需求，並勇敢採取行動時，就能將不可能變成可能，創造屬於自己的成功之路。

3. 機會是打開成功之門的鑰匙

機會是一種稍縱即逝的資源，唯有那些隨時保持敏銳的人，才能在關鍵時刻抓住它。許多人錯過機會，不是因為機會不存在，而是因為他們缺乏勇氣與行動力。

曾經有一名企業家，他從不認為自己比別人聰明或幸運，但他始終相信：「當機會降臨時，猶豫只會讓它溜走，行動才是唯一的選擇。」這種信念，讓他在每一次選擇時，都能果斷決策，最終累積成就。

從危機中看見轉機

在義大利佛羅倫斯，有一家經營多年的手工冰淇淋店。老闆法比奧一直以來都堅持傳統手法製作冰淇淋，他的店鋪以天然、純手工的風味吸引了不少在地顧客。然而，當某年夏季意外出現極端氣候，導致遊客減少，銷售量驟降，他的生意陷入了困境。

第7堂課　把握良機，化不可能為可能

面對經營壓力，他開始思考是否有新的突破點。有一天，他偶然觀察到許多健身人士對傳統冰淇淋的高糖分感到猶豫，這讓他靈機一動——如果能研發出低糖、健康的冰淇淋，是否能開拓新的市場？

於是，他開始研究不同的天然甜味來源，如蜂蜜、椰糖，甚至嘗試用優格製作無乳糖冰淇淋。他的創新產品推出後，立刻受到了關注，尤其受到健康意識提升的消費者青睞。後來，他的冰淇淋品牌成為專注於健康低糖冰淇淋的連鎖店，並成功拓展到其他國家。

面對挑戰時，與其消極等待，不如尋找新的突破口。當你能夠從變化中看見可能性，機遇便會成為通往成功的道路。

成功來自於敢於跨出第一步

機遇就像兔子，稍縱即逝，需要準確的判斷與果敢的行動才能捕捉到它。企業家、運動員、藝術家，他們的成功背後，無一不是因為抓住了關鍵時刻的機會，並勇敢地行動。

在澳洲墨爾本，有一間傳統酒館，由年輕老闆凱爾經營。他的家族世代經營這家酒館，主要提供當地啤酒與小吃，吸引許多熟客。然而，隨著時代變遷，大型連鎖酒吧與精釀啤酒品牌興起，傳統酒館的生意逐漸下滑。

某天，凱爾在社交媒體上發現，一些年輕人對復古風格與

3. 機會是打開成功之門的鑰匙

手工飲品特別感興趣。他決定將傳統酒館改造成一間以「客製化雞尾酒」為特色的小型酒吧。他不僅保留原本的懷舊裝潢，還聘請專業調酒師，為顧客量身打造符合個人口味的飲品。

這個創新的概念迅速在當地引發話題，酒館的生意蒸蒸日上，甚至吸引了許多旅遊雜誌的報導。隨著品牌聲量提升，凱爾將這一概念發展為連鎖品牌，並拓展到雪梨與布里斯班，成為澳洲最具特色的酒吧之一。

機遇不一定是意外降臨的，而是透過敏銳的市場觀察力與勇敢的決策創造出來的。當你看見改變的契機時，唯有行動才能讓機會真正變成成功。

機會是成功之門，關鍵在於是否願意推開

上帝是公平的，祂給予每個人一把開啟成功之門的鑰匙——那就是機遇。但這把鑰匙並不會自己轉動，只有當我們勇敢地伸手去開門，機會才會真正屬於我們。

機會的價值，在於它能夠創造改變，帶領我們走向更寬廣的未來。但如果我們對機遇猶豫不決，或是無法辨識它的存在，那麼即使機會近在眼前，也可能與成功擦肩而過。

真正的成功者，並非擁有最多機會的人，而是懂得辨識、珍惜並果敢行動的人。當機遇來臨時，請記得——勇敢踏出第一步，才能開啟屬於你的成功之門。

第 7 堂課　把握良機，化不可能為可能

4. 機會不來，就主動開創

成功從來不僅僅屬於那些運氣好的人，而是屬於那些擅長利用環境優勢、主動創造機遇的人。無論是天時、地利，還是個人的努力，能夠將這些因素轉化為機會，才是真正的成功關鍵。

從失敗中找機會

英國企業家艾莉絲原本是一名時尚雜誌的專欄作家，然而隨著網路媒體的崛起，紙本雜誌的影響力日漸下滑，艾莉絲的專欄也被取消。失去穩定工作的她，一度陷入低潮，但她並沒有消極等待機會，而是開始思考自己的下一步。

某天，她在整理家中的香氛蠟燭時，發現市面上的產品大多使用人工香精，且成分標示不透明。她靈機一動，決定研究天然精油香氛，並嘗試製作手工蠟燭。她花了數月的時間學習調香技術，試驗各種天然原料，最終創造出一系列純植物蠟燭，並在社群媒體上分享自己的製作過程。

她的產品迅速獲得市場關注，因為消費者開始關心環保與健康，她的手工香氛蠟燭剛好迎合了這股趨勢。最初，她只是在網路上販售產品，但隨著品牌知名度提升，她的香氛蠟燭進入高端百貨公司，甚至獲得國際市場的訂單。

4. 機會不來，就主動開創

艾莉絲的故事證明了，即使在看似失敗的境況下，也能夠透過創新和市場觀察，創造出新的機會。她沒有等待下一份工作，而是透過對市場需求的洞察，成功開創了一條全新的道路。

商業世界變化迅速，今天的機遇，明天可能就消失。但真正的企業家不會因為市場環境改變而裹足不前，而是會積極尋找新的機會，甚至創造需求，讓市場為自己開路。

機會不是等來的，而是靠行動創造的

許多人常抱怨缺乏機會，覺得自己沒有背景、資源或財力，難以創業或成功。但事實上，許多成功者的起點並不比他人優越，他們的成功往往來自於以下幾點：

(1) 保持學習與觀察：敏銳的市場洞察力，能夠讓人看到機會的存在。

(2) 敢於嘗試新事物：不害怕改變，願意嘗試新的商業模式與創新產品。

(3) 堅持與調整策略：當市場變化時，願意調整策略，而非固守舊模式。

(4) 靈活應對挑戰：遇到困難時，不是選擇放棄，而是尋找新的解決方案。

動盪與挑戰越大，機會也越多。有些人因為害怕風險，選擇停滯不前，最終錯失良機；而另一些人則勇敢地踏出舒適圈，

第 7 堂課　把握良機，化不可能為可能

從困境中創造新的機遇，最終獲得成功。

機遇並不會主動降臨，成功的人之所以能夠脫穎而出，正是因為他們懂得如何創造機會，如何將看似不利的環境轉化為成功的契機。當你開始主動尋找可能性，而非等待機會從天而降時，便已踏上成功的道路。

5. 機會總是垂青行動派

成功與失敗之間，往往只差了一個決定——「去做」。我們經常錯過機會，並非因為我們看不到，而是因為我們猶豫不決，缺乏行動力。當機會降臨時，只有立即行動的人才能真正把握。

拒絕機會，可能錯失人生轉折點

有時，人生的機會來得毫無預警，如果不當機立斷，可能就會失去翻轉命運的可能性。

1980 年，導演史蒂芬・史匹柏（Steven Spielberg）與製片喬治・盧卡斯（George Lucas）正在為《法櫃奇兵》（*Raiders of the Lost Ark*）尋找主角「印第安納・瓊斯」（Indiana Jones）。他們看中了當時因電視劇《夏威夷之虎》（*Magnum, P.I.*）走紅的湯姆・謝立克（Tom Selleck），認為他的形象與魅力非常適合這個角色。

湯姆・謝立克對此感到興奮，他參加了試鏡，表現優異，幾乎已經確定出演。然而，就在這個關鍵時刻，他的電視劇合約卻成為了絆腳石。電視公司不願放人，導致他不得不放棄這個絕佳的機會。

最終，哈里遜・福特（Harrison Ford）獲得了這個角色，而《法櫃奇兵》大獲成功，印第安納・瓊斯成為影史上最經典的角色之一。福特的演藝事業也因此大幅提升，成為好萊塢一線巨星，而湯姆・謝立克雖然依然活躍於影視圈，但再也沒有獲得如此影響全球的機會。

這個案例告訴我們，機會往往不會等待太久。即使我們擁有才能，若不果斷行動，或無法克服阻礙，成功可能就會轉向別人。

猶豫不決，只會讓機會溜走

在歷史上，不少人因為猶豫不決，而與成功擦肩而過。他們總是認為「還不是時候」，結果發現，當真正準備好的時候，機會早已被別人搶走。

19世紀末，電信技術的發展競爭激烈，許多科學家都在研究如何讓聲音透過電流傳輸。亞歷山大・格拉漢姆・貝爾（Alexander Graham Bell）和伊利沙・格雷（Elisha Gray）都在研發電話的技術，但關鍵的差別在於行動的速度。

第 7 堂課　把握良機，化不可能為可能

西元 1876 年 2 月 14 日，貝爾向美國專利局提交了他的電話專利申請。僅僅幾個小時後，格雷的備案申請也送到了專利局，但專利權最終歸屬於貝爾，讓貝爾成為了「電話之父」，而格雷則成為了歷史上的遺珠。

行動的速度可能決定一個人是否能夠掌握機會。即使擁有相同的技術與智慧，若稍有遲疑，成功就可能屬於別人。

行動是成功者的標籤

無論在哪個領域，成功的人往往是那些敢於行動的人。他們不會被恐懼或猶豫所束縛，而是選擇立即付諸實踐。

1984 年，耐吉（Nike）還只是個運動鞋品牌，並未在籃球市場占有主導地位。而當時，新秀球員麥可‧喬丹（Michael Jordan）尚未成為傳奇，他的大學表現雖然亮眼，但還未進入 NBA，許多運動品牌對他抱持觀望態度。

耐吉的高層在審慎考慮後，決定全力押注喬丹，為他打造專屬的「Air Jordan」球鞋系列。這是一個大膽的決策，因為當時籃球市場仍由愛迪達（Adidas）與匡威（Converse）主導，耐吉面對的風險極高。

然而，耐吉的行動贏得了市場。喬丹在 NBA 的驚人表現，加上「Air Jordan」的獨特設計，使這雙球鞋迅速成為市場上的爆款。如今，「Air Jordan」已成為運動鞋歷史上最成功的品牌之

5. 機會總是垂青行動派

一,而耐吉也因這個決策,成為全球運動用品的龍頭。

如果當時耐吉選擇「再看看」,猶豫是否要投資喬丹,這個市場的霸主可能就會是其他品牌。

等待與猶豫,從來不是成功的途徑。真正的成功者,並非擁有最多機會的人,而是願意立刻行動、抓住機會的人。當機會降臨時,不要猶豫,不要等待,因為唯有行動,才能改變命運!

第 7 堂課　把握良機，化不可能為可能

第 8 堂課

行動勝於心動，實踐勝於空想

學習的目的不僅是獲取知識，而是將其付諸行動。

—— 卡內基

1. 做好行動前的計畫

「學習的目的不是知識，而是行動。」這句話道出了行動的重要性。然而，行動之前，若沒有周詳的計畫，就像沒有指南針的航行者，容易迷失方向，甚至耗費大量時間與精力卻無法達成目標。

許多人雖然心懷遠大目標，卻常因為缺乏清晰的計畫而半途而廢。成功的第一步，不只是訂下目標，而是制定一個實際可行的行動計畫，並按照計畫逐步推進。

第 8 堂課　行動勝於心動，實踐勝於空想

為什麼計畫很重要

一個好的行動計畫能夠：

（1）確保目標明確 —— 許多人因為目標模糊，導致行動方向不清，最後一事無成。例如，「我要變得更健康」比不上「我要在六個月內減重 5 公斤」來得明確。

（2）提升執行效率 —— 將大目標拆解成小步驟，讓行動變得更容易執行，並且能夠透過每一步的完成，建立信心與動力。

（3）減少錯誤與時間浪費 —— 行動之前經過周詳的思考與計畫，可以避免在執行過程中不必要的錯誤，減少時間與資源的浪費。

制定有效行動計畫的方法

（1）設定具體的目標

計畫的首要條件是「清楚的目標」。一個模糊的目標，只會讓人無從下手。因此，在計畫開始前，請確保你的目標是具體且可衡量的，例如：「我希望在三個月內完成一本書的寫作，每週寫 5,000 字。」

（2）將目標拆解成小步驟

許多人之所以無法達成目標，是因為目標過於龐大，讓人無從下手。例如，想學一門新語言，若只是告訴自己「我要學好

西班牙語」，可能會因為不知道從何開始而拖延。但如果拆解成：「每天學習 30 個單字，每週聽 5 小時的西語廣播」，則能夠更有效的執行。

(3) 安排時間表，設定期限

計畫應該包含明確的時間表，確保每個階段都有具體的期限。例如，若你的目標是在半年內存下 10 萬元，則可以設定：「每個月存 1.7 萬元，每週控制娛樂開支不超過 2,000 元。」

(4) 保持彈性，適時調整

計畫並非一成不變，過程中可能會遇到突發狀況，因此需要適時調整。例如，如果發現某個策略不可行，應該立即更換方法，而非執著於原本的方向。

(5) 確保進度與自我檢視

設定定期檢視進度的時間，確保自己沒有偏離目標。例如，每週檢查自己是否有按照計畫執行，若有落後，則需要思考如何調整策略。

如何保持行動的持續性

行動計畫的成功，取決於執行的持續性。以下是一些幫助你維持動力的方法：

(1) 專注於當下 —— 不要一開始就過度關心結果，先專注於每天該做的事情，例如「今天完成 1,000 字的寫作」，而不是

第 8 堂課　行動勝於心動，實踐勝於空想

「什麼時候才能寫完這本書？」

（2）在過程中找到樂趣 —— 將行動計畫與自己的興趣結合，讓執行的過程變得更有趣。例如，若你想學習新語言，可以透過觀看該語言的影集來提升學習興趣。

（3）適時給予自己小獎勵 —— 當完成階段性目標時，給自己一些小獎勵，例如吃一頓喜愛的餐點或短暫的休息，讓自己對於下一個目標更有動力。

（4）與他人分享你的計畫 —— 讓身邊的朋友或家人知道你的目標，這樣可以增加責任感，也能獲得外部的支持與鼓勵。

一個沒有計畫的行動，容易變成盲目衝刺，而一個沒有行動的計畫，則只是空談。成功的關鍵，不只是「是否行動」，更在於「是否有計畫地行動」。當你願意為自己的目標擬定周詳的行動計畫，並持續執行，就能夠大幅提高成功的可能性。

2. 成功來自於實踐

人生充滿無數的機會，但機會從不會主動找上門，只有那些願意主動爭取、勇於行動的人，才能將機會轉化為成功。相反的，猶豫不決、拖延不前的人，即使機會擺在眼前，也會與成功失之交臂。因此，無論你的計畫多麼完美，想法多麼周全，如果不行動，一切都只是空談。

猶豫不決是成功的最大障礙

許多人在面對決定時,總是反覆思考,害怕做錯決定,擔心萬一失敗了該怎麼辦。他們不停分析不同的可能性,試圖尋找最完美的方案,結果卻往往因猶豫不決而錯過最佳時機,甚至最終放棄行動。這樣的人即使擁有卓越的頭腦、非凡的創意,但如果不願踏出第一步,所有的夢想都只是幻想。

思想與行動同樣重要,然而,只有行動才能讓想法變成現實。如果只是空想而不付諸行動,那麼即使擁有再遠大的抱負,也不過是紙上談兵。

決心與行動是成功的起點

有一則發人深省的故事:

在一個小鎮裡,有兩位商人,一個擁有龐大的資金,卻總是遲遲不敢創業,他擔心市場變動、競爭激烈,因此每天都在計算風險,卻始終未曾真正行動。另一位商人,雖然資源有限,但他認定自己可以成功,於是開始經營一間小小的店鋪,逐步累積經驗和客源。幾年後,這位行動派的商人成功建立了自己的品牌,而那位仍在思考風險的商人,則依然停留在原地,什麼都沒做成。

這個故事說明了「行動」的重要性。許多人之所以無法達成目標,不是因為能力不足,而是因為缺乏行動力。伊萬・克雷

第 8 堂課　行動勝於心動，實踐勝於空想

洛夫（Ivan Krylov）曾說：「現實是此岸，理想是彼岸，中間隔著湍急的河流，而行動則是架在河上的橋梁。」只有行動，才能帶你從夢想到達成功的彼岸。

成功者的共通點：立即行動

在歷史上，許多成功者的關鍵特質，就是他們具備強烈的行動力。

拿破崙曾說：「想得好，是聰明；計畫得好，更聰明；做得好，才是最聰明的。」這句話點出了行動力的重要性。你可以擁有再多的理論知識，但如果不付諸行動，這些知識對你毫無意義。

在企業界，一些頂尖的創業家之所以能夠成功，不是因為他們擁有最完美的計畫，而是因為他們敢於立即採取行動，並在行動中不斷調整、修正策略。他們深知，等待完美時機，可能會錯過機會；而勇敢行動，則能讓他們快速學習，進一步邁向成功。

如何培養行動力

（1）設定明確的目標——如果你的目標不夠清楚，行動將缺乏方向。因此，確保你的目標具體、可衡量，並且可以立即開始執行。

(2) 養成「現在就做」的習慣——當你決定做某件事時，不要拖延，立即開始。哪怕只是寫下第一步行動計畫，也比什麼都不做來得好。

(3) 不要害怕犯錯——行動的過程中，犯錯是不可避免的。但與其擔心失敗，不如把它當作學習的機會。記住，成功的人並不是從不犯錯，而是懂得從錯誤中學習，不斷改進。

(4) 保持執行紀律——即使沒有立即看到成果，也不要輕易放棄。很多時候，成功需要長期的努力，只有持續行動，才能累積出成果。

(5) 學會承擔責任——如果你決定要做一件事，就要對自己負責，不要推卸責任或找藉口。堅持到底，你會發現，行動力能夠改變一切。

人生的每一個機會，都是透過行動才能實現。如果你總是等待「最好」的時機，往往會錯失良機。與其猶豫不決，不如立即開始。即使只是一個小小的步驟，也能讓你比昨天更接近成功。

現在就動手吧！因為唯有行動，才能改變你的未來。

3. 用自信推動每一步

堅定的自信，是成就偉大事業的重要基石。無論你的天賦如何，只要有足夠的自信，你就能夠克服困難，勇往直前，最

第 8 堂課　行動勝於心動，實踐勝於空想

終達成你的目標。如果仔細分析那些在各個領域取得卓越成就的人，就會發現他們都有一個共同的特點——他們始終堅信自己能夠成功，並且願意付出努力，將這種信念轉化為實際行動。

在生活中，許多人並非因為缺乏才華而失敗，而是因為缺乏自信。他們總是在懷疑自己，擔心無法達到預期的結果，結果遲遲不敢行動。相反，真正能夠成就偉大事業的人，無論面對多少困難與挑戰，都能夠保持強大的自信，勇敢地迎接挑戰。

自信讓人突破困境

法國傳奇廚師阿蘭‧杜卡斯（Alain Ducasse）年輕時曾經在一家高級餐廳擔任學徒，他的工作是協助備料、清理廚房。當時，他的技術還遠遠不及餐廳的主廚，但他始終堅信自己有一天能夠成為一名傑出的廚師。

一天，餐廳的主廚因病無法上班，老闆要求另一位資深廚師頂替他的位置，然而這位資深廚師臨時有事無法趕來。眼看餐廳即將迎來滿座的客人，卻沒有廚師能夠準備晚餐，杜卡斯站了出來，自信地表示自己願意接手這一晚的料理工作。

儘管當時許多人懷疑他的能力，甚至連老闆都不確定他能否勝任，但杜卡斯毫不動搖，他憑著日積月累的練習和對料理的熱愛，成功地為客人端上了一道道精緻的菜餚。那天晚上的表現，讓所有人對他刮目相看，也為他日後的事業奠定了基礎。多年後，他不僅成為世界頂尖的主廚，更創辦了自己的餐

飲王國，獲得無數米其林星級餐廳的榮譽。

自信並不是盲目的自大，而是來自於對自己的能力的認可。即使面對挑戰，只要勇敢踏出第一步，並全力以赴，就能夠突破困境，創造機會。

信心讓行動更有力量

自信與行動是相輔相成的，只有相信自己能夠成功，你才會願意採取行動。如果你懷疑自己，總是擔心失敗，那麼即使機會擺在眼前，你也可能因為猶豫不決而錯過它。

許多頂尖的運動員在比賽時，都會透過心理暗示來強化自信。他們會在腦海中反覆模擬比賽場景，想像自己奪冠的畫面，這種正向的心態能夠幫助他們在比賽時保持穩定的發揮，進而獲得勝利。

相反的，如果一名運動員總是擔心自己會輸，他的表現往往也會受到影響，因為他的大腦已經在告訴自己：「我可能會輸」，這樣的負面心態會讓他的動作變得僵硬，注意力無法集中，最終導致他真的無法發揮應有的實力。

如何培養自信

(1) 設定可實現的目標 —— 從小目標開始，當你達成一個個小目標時，你的信心就會逐漸增強，最終能夠挑戰更大的目標。

第 8 堂課　行動勝於心動，實踐勝於空想

（2）學習並累積實力 —— 真正的自信來自於實力的累積，當你不斷學習新技能、增強自身能力時，你會更有信心面對挑戰。

（3）停止自我懷疑 —— 不要總是對自己說「我做不到」，而是告訴自己：「我可以做到！」語言和思維對心理狀態有很大的影響，正向的自我對話能夠增強自信。

（4）勇敢面對失敗 —— 沒有人能夠永遠成功，失敗是成長的一部分。將失敗視為學習的機會，而不是自信心的打擊，這樣才能在挫折中變得更強大。

（5）專注於自己的進步 —— 不要總是拿自己與別人比較，因為每個人的成長速度不同。重點是你是否比昨天的自己更進步，而不是你是否比別人更優秀。

自信是行動的基礎，而行動則能夠讓自信變得更加穩固。當你勇敢採取行動時，你會發現自己其實比想像中更有能力，這種成功的經驗會進一步增強你的信心，讓你更加勇敢地迎接未來的挑戰。

與其總是等待「完美的時機」，不如現在就相信自己，踏出行動的第一步。唯有那些擁有自信並願意行動的人，才能夠真正創造屬於自己的成功故事。

4. 讓行動為你的想法加分

比爾蓋茲曾說：「行動不一定能帶來滿意的結果，但不採取行動，則絕無可能成功。」這句話道出了成功的關鍵——唯有行動，才能將夢想轉化為現實。

生活中，許多人懷抱偉大的夢想，卻遲遲不願踏出第一步。他們總是在等待「更好的時機」，或是害怕失敗而遲疑不前。然而，成功者與平庸者的區別，往往就在於是否願意採取行動。

困境中的轉機，行動改變命運

伊隆・馬斯克在創辦特斯拉和 SpaceX 時，並沒有十足的把握能夠成功。他曾公開表示，當初投資這些公司的時候，他預計成功的機率不到 10%。然而，他選擇行動，而不是等待萬事俱備。他不僅親自參與技術研發，還投入幾乎所有的資金，堅持不懈地推動計畫。最終，特斯拉成為全球電動車產業的領航者，而 SpaceX 則改寫了航太科技的歷史。

如果馬斯克當初只是空想，而不願行動，那麼這些突破性的成就將永遠不會發生。這說明了一個道理：無論情勢如何不利，只要願意採取行動，就可能創造新的機會，甚至改變世界。

第 8 堂課　行動勝於心動，實踐勝於空想

行動是對夢想最好的投資

我們常聽到「機會是留給準備好的人」，但更準確的說法應該是「機會是留給行動的人」。因為只有行動，才能讓準備發揮價值，並將潛在的機會轉變為真正的成就。

想像一下，你有一個經營咖啡廳的夢想，於是你花了幾個月研究市場、設計菜單、計算成本，但一直沒有真的開店。過了一年，你發現其他人已經開了好幾家成功的咖啡廳，甚至占據了你當初考慮的最佳店面。這時，你才驚覺：計畫再周詳，如果不付諸行動，夢想終究只是空談。

在現實生活中，許多人錯失機會，不是因為能力不足，而是因為行動力不夠。他們總是認為自己「還沒準備好」，或者「等時機成熟再說」，結果一拖再拖，最後發現夢想已被時間消磨殆盡。

行動能讓人生更加精彩

退休生活往往是一個新的開始，而不是結束。許多成功人士在退休後，仍然透過行動創造價值。

美國投資人查爾斯‧施瓦布（Charles Schwab）在退休後，並沒有選擇安逸的生活，而是重新投入創業，並且將自己的企業發展成全美最大的投資服務公司之一。他曾表示：「只要你願意行動，就沒有真正的退休。」

4. 讓行動為你的想法加分

這證明了一個道理：無論年齡如何，只要願意行動，人生就可以不斷開創新的可能。許多退休人士選擇學習新技能、創立事業，或投身公益活動，這些積極的行動，不僅讓他們保持年輕的心態，也讓人生變得更加充實有意義。

從夢想到現實，關鍵在於行動

有一個故事講述了兩個孩子到海邊玩耍的經歷。他們在沙灘上睡著了，其中一個孩子夢見對面島上埋藏著黃金，醒來後，他告訴了另一個孩子。

第一個孩子感嘆：「這只是個夢！」於是繼續留在原地，什麼都沒做。

而第二個孩子則認為，夢想值得嘗試，於是開始行動。他歷經千辛萬苦，終於來到島上，並在島主的花園工作多年。最終，他在茶花叢下挖出了一罈黃金，成為富翁。而那位只會做夢卻不行動的孩子，則依舊一事無成。

這個故事告訴我們，夢想本身並沒有價值，只有透過行動，才能讓夢想變成現實。

如何讓行動產生價值

(1) 不要等待完美時機──世界上沒有「剛剛好」的時刻，唯一的正確時間就是現在。與其等待「準備好」，不如立即開

第 8 堂課　行動勝於心動，實踐勝於空想

始，邊做邊調整。

（2）設定可行的小目標 —— 將大目標拆解成具體的行動步驟，讓自己每一天都能向目標前進一步。這樣，你會發現目標並不像想像中那麼遙遠。

（3）培養行動習慣 —— 每天為自己的夢想做一件小事，無論是學習新知識、聯絡相關人士，或是做市場調查，這些小行動累積起來，最終會帶來巨大的改變。

（4）接受失敗，持續調整 —— 行動並不保證一定會成功，但不行動一定不會成功。當遇到挫折時，調整策略，繼續前進。

（5）相信自己，勇敢嘗試 —— 成功者與失敗者的區別，往往不在於才華，而在於行動力。只要你願意踏出第一步，你就已經超越了那些只會空想卻遲遲不行動的人。

我們常說：「心動不如行動。」因為只有真正行動的人，才能讓想法變得有價值。無論是創業、學習、轉換職涯，甚至是追尋人生的夢想，關鍵都在於是否願意付諸行動。

夢想是一顆種子，只有透過行動澆灌，它才能成長茁壯，最終開花結果。與其等待機會降臨，不如從現在開始，踏出實現夢想的第一步。

5. 再多想法，不如一次行動

行動就是力量，唯有行動才能改變你的命運。再多美好的計畫，不如一次真正的行動。許多人一生中有無數次閃耀的想法，卻因為拖延、猶豫或害怕而從未付諸實踐，最終只能眼睜睜看著機會流逝。成功的關鍵，不只是敢於想像，更是敢於行動。

拖延只會讓機會溜走

有一位心理學家曾幽默地說：「每天最大的挑戰，就是從溫暖的被窩裡起來，走進寒冷的房間。」這句話看似簡單，卻揭示了一個重要的心理現象──我們常常因為短暫的不適，而選擇拖延行動。然而，成功者與平庸者的最大區別，就是在於他們不等待「最適合」的時機，而是果斷行動，讓自己進入狀態。

「現在」是改變的最佳時機，而「明天再做」、「下週開始」、「等準備好再行動」往往等同於「永遠不做」。成功的計畫，從來不是因為有了萬全準備才開始，而是開始行動後，透過不斷修正和優化，才變得完整。

從儲蓄習慣看行動力的重要性

我們以儲蓄為例，很多人都認為儲蓄很重要，但真正落實儲蓄計畫的人卻不多。

第 8 堂課　行動勝於心動，實踐勝於空想

有一對年輕夫婦，丈夫畢爾每月收入 1,000 美元，但總是花到一分不剩。他們多年來一直告訴自己：「等加薪後就開始存錢」、「還完貸款後就開始」、「過了這個月的困難時期就開始」……但從未真正行動。

最後，是太太珍妮下定決心改變現狀。她對丈夫說：「我們已經說要存錢好幾年了，但從來沒有開始。既然我們一直認為省不下來，那就試著把薪水的 10% 存起來，然後用剩下的錢生活。」

這段時間確實不容易，但當他們習慣這種方式後，反而覺得存錢變成一種樂趣。因為行動，他們成功地養成了儲蓄習慣，最終擁有了足夠的積蓄，改變了原本總是月光的生活模式。

這個例子說明了一個道理：不行動，就永遠不會開始；但只要踏出第一步，未來就可能完全不同。

把計畫變為行動

（1）不要等「最好的時機」──沒有完美的時機，現在就是最好的時機。

（2）立即採取第一步行動──不論是開始寫計畫書、撥通一通電話、做一點市場調查，任何一個小行動都比空想更有價值。

（3）設定可執行的小目標 —— 將大目標拆解成可以逐步完成的小步驟，並每天確保自己在往前邁進。

（4）克服拖延，建立行動習慣 —— 每天都做一件有助於達成目標的事情，讓行動變成習慣，而非偶發事件。

（5）勇敢開始，持續優化 —— 計畫不需要完美，真正的成功來自於在行動中學習與調整。

行動比想法更重要，成功從現在開始

在這個世界上，真正的天才與庸才的區別，並不在於天賦，而在於是否願意行動。擁有遠大目標的人，若不採取行動，只能眼看歲月流逝，卻無法實現夢想。相反地，那些即使天賦平庸，卻不斷行動的人，往往能夠改變命運，走向成功。

等待完美時機的人，只會錯失良機；果斷行動的人，才真正掌握了機會。

第 8 堂課　行動勝於心動，實踐勝於空想

第 9 堂課

贏得友誼的關鍵

你必須先相信自己,展現自信,別人才會給予你肯定與尊重。

―― 卡內基

1. 贏了辯論,輸了人際關係

世上只有一種方法能在爭辯中獲得最大勝利,那就是 —— 避免爭辯。這就像避開毒蛇和地震一樣,能讓我們少受許多無謂的損害。

當一個人被別人駁倒時,他的自尊心會受到打擊,內心不會真的接受你的觀點,反而會更堅定自己的立場。即使表面上承認錯誤,內心深處仍可能充滿不滿與敵意。

許多聰明的交際高手,都懂得這個道理。他們知道,爭辯很少能真正說服對方,反而容易激發反感,使關係惡化。因此,他們選擇另一條更有效的道路 —— 以尊重與理解來影響他人,而非靠強硬的論證來壓制對方。

第 9 堂課　贏得友誼的關鍵

一次不必要的糾正

大戰結束後不久，卡內基在倫敦參加一場宴會，宴會上有位來賓講了一個幽默的故事，還引用了一句成語，並聲稱這句話來自《聖經》。

卡內基聽到後，立刻糾正他：「不，那句話出自莎士比亞的作品。」

然而，這位來賓堅持自己的說法，甚至信誓旦旦地說自己絕不可能錯。為了證明自己正確，卡內基請教了當時坐在他身邊的朋友——一位熟讀莎士比亞作品的學者賈蒙。

沒想到，賈蒙不僅沒有支持卡內基，反而點頭附和那位來賓：「是的，這句話確實來自《聖經》。」

卡內基驚訝地問賈蒙：「你明明知道這句話是莎士比亞寫的，為什麼要說我錯了？」

賈蒙回答：「是的，那句話的確來自莎士比亞的作品，但這位來賓沒有向你請教，你又何必急著去糾正他的錯誤呢？你糾正他，能讓他喜歡你嗎？讓他對你產生好感嗎？有時候，讓別人保留面子，比爭論誰對誰錯更重要。」

這句話讓卡內基頓悟——有時候，贏得一場爭論，卻失去對方的好感，這並不值得。

1. 贏了辯論,輸了人際關係

真正成功的業務員,從不與顧客爭論

人類的思考模式很難被簡單的辯論所改變。在商業世界中,優秀的業務員從不與顧客爭辯,而是學會站在顧客的立場思考問題。

一位名叫奧哈爾的業務員,曾經因為喜歡與顧客爭論,導致業績慘淡。他推銷汽車時,經常因為不願接受顧客的批評而發生爭執。例如,當顧客說:「這款車的性能不行,我更喜歡另一個牌子。」他便會立刻反駁:「不,您的看法錯了,我這款車的品質更好!」

結果,顧客越來越堅持自己的觀點,並最終拒絕購買他的車。

後來,他在培訓課程中學到了避免爭辯的方法,並改變了自己的溝通策略。例如,當顧客表示偏好競爭品牌的車款時,他會微笑著回應:「您說得沒錯,那個牌子的車確實很不錯,是一家值得信賴的公司。」

當顧客放下防備後,他才適時地介紹自己品牌的優勢。結果,他的業績迅速提升,成為公司的頂尖業務員。

這個故事告訴我們,與其急於證明自己是對的,不如學會理解和尊重對方的觀點,這樣更能影響他人。

第 9 堂課　贏得友誼的關鍵

表面勝利，實質失敗

假設你在辯論中完全駁倒了對方，讓對方啞口無言，那麼，結果會是什麼？

（1）你感覺自己贏了，但對方內心並不會真正認輸。

（2）對方可能變得更加固執，甚至對你產生敵意。

（3）你可能因為這場辯論，失去一個朋友、一位客戶，甚至是一段重要的關係。

正如美國開國元勳班傑明・富蘭克林所說：「如果你贏得了爭論，你可能會失去一個朋友。」

留面子給對方

拿破崙的私人管家，經常與他的妻子約瑟芬一起打撞球。他的球技明顯比約瑟芬高明，但每次比賽時，他都會刻意讓她贏。

他明白，在這場遊戲裡，「勝利」的意義並不在於球技的高低，而在於讓對方開心，維持良好的關係。

這告訴我們一個重要的道理：有時候，讓別人贏，才是真正的贏。

避免爭辯，讓關係更和諧

（1）學會換位思考──理解對方的立場，而不是急於駁斥。

（2）給對方臺階下 —— 即使對方的觀點有誤，也不必強行指正，讓對方自己意識到錯誤，比直接糾正更有效。

（3）保持風度，適時讓步 —— 很多時候，謙遜與幽默能化解爭論，使彼此關係更融洽。

（4）專注於共同點，而非分歧 —— 與其強調彼此不同的觀點，不如尋找雙方都認同的部分，這樣更容易建立共識。

在日常生活與職場中，爭辯往往無法真正說服對方，反而容易傷害感情。如果我們希望贏得人心、建立良好的人際關係，就應該避免爭論，學會尊重他人，並透過理解與包容來影響對方。

正如釋迦牟尼所言：「恨永遠無法止恨，只有愛才能化解仇恨。」

所以，當你面對不同意見時，不要急著反駁，而是試著理解、尊重，甚至適時讓步，這樣反而能贏得更多人的信任與支持。

2. 姓名的重要性

每個人對自己的名字都抱有強烈的歸屬感。當有人準確地叫出你的名字時，這不僅讓你感受到尊重，更能增強彼此的親切感。而如果對方忘記或叫錯你的名字，無論關係再親近，都會讓人心生疏離。

記住別人的名字，是建立良好人際關係的關鍵。這不僅能

第 9 堂課　贏得友誼的關鍵

夠拉近彼此距離，更能幫助我們贏得信任，甚至對個人的事業發展帶來意想不到的助益。

卡內基曾說：「不論在哪一種語言之中，一個人的名字都是最甜蜜、最重要的聲音。」對於名字的主人來說，這代表著他的存在，若被遺忘，往往等同於被忽視。

安德魯‧卡內基（Andrew Carnegie），這位被譽為「鋼鐵大王」的企業家，對鋼鐵製造知識並不精通，但他卻能成功打造全球知名的鋼鐵企業，關鍵就在於他深諳人際關係的藝術。

早在童年時期，卡內基便發現，人們對自己的名字格外重視，並樂於聽到別人正確地稱呼自己。

有一次，他抓到了一隻母兔，沒多久便生了一窩小兔。當時的他還只是個孩子，並沒有足夠的飼料來餵養這些兔子。然而，他靈機一動，對鄰居的小朋友說：「如果你們願意幫忙收集食物來餵養這些兔子，我就用你們的名字來為小兔子命名。」

結果，這些孩子都主動收集苜蓿和蒲公英來餵兔子，因為他們希望自己的名字能與兔子聯繫在一起。

多年後，這段童年經驗啟發了卡內基，讓他在商場上大放異彩。他明白，名字對人的影響力不容小覷，若能善用，將能建立更緊密的人際網路。

例如，他希望賓夕法尼亞鐵路公司採購他的鋼軌，於是特意將自己在匹茲堡新建的鋼鐵工廠命名為「艾格‧湯姆森鋼鐵工

2. 姓名的重要性

廠」，以此向該鐵路公司的董事長艾格・湯姆森致敬。這樣的舉動，不僅贏得了湯姆森的青睞，也成功促成了一筆重要的交易。

一個名字，改變了美國工業史

在美國商界，卡內基還有一次經典的應用姓名策略。

當時，他的中央交通公司正與喬治・普爾曼（George Pullman）控制的公司競爭，希望爭取聯合太平洋鐵路公司的臥鋪車廂業務。雙方削價競爭，幾乎毫無利潤可言，形同惡性消耗戰。

一天晚上，他與普爾曼在紐約聖尼可斯飯店碰面，便開誠布公地對普爾曼說：「我們這樣競爭下去，不過是讓彼此陷入困境罷了。」

接著，他提出一個大膽的建議：「我們何不合併公司？」

普爾曼聽後並未立即答應，而是提出一個問題：「如果我們合併，這間新公司的名稱應該是什麼？」

卡內基立刻回答：「普爾曼皇宮臥車公司。」

聽到自己的名字成為公司名稱，普爾曼眼睛一亮，立刻邀請卡內基進房商談細節。這次談話最終促成了合併，也改寫了美國工業發展的歷史。

這個故事再次印證了卡內基的理念：人們對自己的名字極度重視，若能妥善運用，將能為人際關係與事業帶來極大助益。

富蘭克林・德拉諾・羅斯福（Franklin D. Roosevelt）總統以

第 9 堂課　贏得友誼的關鍵

擁有驚人的記憶力著稱。他總是能記住與他會面的技工、服務生，甚至是剛剛認識的記者的名字。這種能力讓他贏得了許多人的尊敬與支持，也使他在領導國家時能更容易與各階層建立良好關係。

法國皇帝拿破崙三世（Napoleon III）也曾自豪地表示，自己雖然政務繁忙，卻能記住所有見過的人的名字。他的祕訣就在於：

（1）確保聽清楚對方的名字　——　如果聽不清楚，他會直接請對方再重複一次，甚至問對方如何拼寫。

（2）在談話中反覆使用對方的名字　——　透過多次重複，不僅幫助記憶，也讓對方感到被重視。

（3）在腦海中將名字與對方的臉孔、神態連結起來，甚至在獨處時，把對方的名字寫下來加深印象。

這些技巧，雖然看似費時，但卻是建立人際關係的有效策略。正如美國思想家愛默生（Ralph Waldo Emerson）所說：「良好的禮貌，是由小的犧牲換來的。」

如何更有效地記住名字

若你希望在人際交往中更有魅力，記住對方的名字，以下是幾個實用的技巧：

2. 姓名的重要性

（1）主動確認 —— 如果第一次沒聽清楚對方的名字，不要害怕請對方再說一次，可以直接請對方拼寫。

（2）重複使用 —— 在對話中多次稱呼對方的名字，例如：「湯姆，我很認同你的觀點！」這樣不僅有助於記憶，還能增加對方的親切感。

（3）聯想法 —— 將名字與對方的特徵或職業做聯想，例如「戴眼鏡的艾倫」、「高個子的傑克」，這樣更容易記住。

（4）寫下來 —— 在談話結束後，找時間將對方的名字記錄下來，這樣能進一步加深記憶。

（5）建立興趣 —— 試著對對方的名字產生興趣，例如詢問對方名字的由來或其背後的故事，這樣不僅能記住，還能增進彼此的互動。

無論是在職場、商場還是社交場合，記住他人的名字都是建立人際關係的黃金法則。這不僅是一種禮貌，更是一種尊重。當你能準確地稱呼對方，對方會感受到你的關注，進而對你產生好感與信任。

成功往往不是靠個人能力，而是來自良好的人際網路。只要願意付出一點努力去記住對方的名字，你就能在人際關係上占得先機，讓自己更容易被接納與喜愛。

3. 先付出，才能獲得回報

《孫子兵法》裡面說過，善於調動敵人的人，會先提供一些誘因，敵人便會順勢而來。這個道理適用於人際關係，無論是商業合作、友誼經營，還是日常的人際往來，想要獲得幫助或成功，必須先付出，才能換取對方的信任與支持。

在現實生活中，我們時常希望別人能夠幫助我們、支持我們，但如果只是一味地索取，卻沒有先付出，那麼即使別人願意幫助我們，也不會心甘情願。成功的關鍵，在於先提供價值，讓對方自然而然地願意回應你的需求。

先給予，再收穫

建立事業的過程中，付出往往比索取更重要。

有位企業家剛創業時，遇到了資源不足、缺乏人脈的困境。他原本希望能與大公司合作，但對方不是嫌他規模太小，就是已經有了固定的合作夥伴，讓他難以找到切入點。

後來，他聽說一家化肥工廠推出了一種新產品，但市場接受度不高，銷售困難。他察覺這可能是一個機會，於是主動出資幫這家工廠做市場宣傳，甚至免費幫助他們舉辦推廣活動。這個舉動讓工廠的主管對他刮目相看，逐漸建立了信任，最終讓他獲得了這家工廠的直接供貨權。

3. 先付出，才能獲得回報

這位企業家的策略就是「先投資關係，再換取合作機會」。

在商業世界中，這種策略屢試不爽。許多成功的企業家，在與合作夥伴建立關係時，都懂得「先提供價值，讓對方看到你的誠意與能力，當對方認可你的時候，機會就會自然而然地出現。」

經營友誼需要時間

現代社會競爭激烈，人們承受著各種壓力，對於真誠的友情與互相幫助的關係更加渴望。然而，許多人在建立關係時，往往只關心「我能從這段關係中得到什麼」，卻忽略了良好的人際關係需要長期經營，而不是急功近利的交易。

有一個簡單但深刻的問題值得我們思考：

你有沒有曾經主動關心朋友，而不是等到自己有需求時才聯繫對方？

許多人都有這樣的經驗：當我們遇到困難時，才想起要請某個朋友幫忙，但卻發現自己已經很久沒有聯絡對方了，這時候才開口，難免會讓對方覺得唐突。

良好的人際關係，就像是一場長線投資，平時多關心朋友，哪怕只是簡單的問候、偶爾的幫助，這些累積起來，都會成為日後關鍵時刻的重要支持。

第 9 堂課　贏得友誼的關鍵

與其拉攏高層，不如善待基層

有一位企業家，長期與幾家大型企業合作。他的交際策略與一般人不同，不僅與公司的高層建立關係，還特別注重結交年輕的職員。

他會詳細調查這些公司的員工背景，判斷哪些人將來有機會升遷，並主動提供幫助。例如，當這些年輕員工晉升為部門主管時，他會親自送上祝賀禮物，邀請對方共進晚餐，讓對方感受到他的誠意。

當這些人升遷到更高的職位時，他們依然記得這位企業家當初的關懷，因此願意在關鍵時刻提供幫助，這使得他的公司在競爭激烈的市場中，始終能夠獲得穩定的合作機會。

這位企業家明白一個道理：職場上每個年輕人都有機會成長，現在的基層員工，可能就是未來的決策者。與其只討好高層，不如從基層開始經營關係，這樣的投資往往能帶來更長遠的回報。

給予，才能獲得真正的回報

在心理學中，有一個被稱為「互惠原則」的概念，指的是當我們接受了別人的恩惠時，會產生一種內在的動力，想要回報對方。這種心理機制在人際關係與商業世界中，都是促進合作與建立信任的重要基礎。

3. 先付出，才能獲得回報

這就像釣魚一樣——如果你想釣到大魚，必須先放長線，讓魚逐漸上鉤。如果過於急切，反而會適得其反，讓魚游走。

同樣地，在建立人際關係時，不能只關心眼前的利益，而是要從長遠角度來看，先付出，先提供價值，當機會來臨時，別人才會心甘情願地回報你。

如何運用「先給予，後獲取」的策略？

主動提供幫助——不論是朋友、同事或商業夥伴，在對方有需求時，主動伸出援手，而不是等到自己有需求時才聯絡對方。

（1）長期經營關係——不要等到需要幫助時才聯繫朋友，平時就應該保持互動，例如節日問候、關心近況，這些小舉動能讓關係更緊密。

（2）善待每一個人——別只關心有權勢的人，因為現在的普通員工，可能就是未來的高層。與其討好上司，不如與同事建立良好關係，未來更容易獲得支持。

（3）不計較短期得失——有時候，投資人際關係看似「吃虧」，但長遠來看，這些關係能為你帶來更大的回報。

無論是在職場、商場，還是日常生活，「先給予，後獲取」是建立良好關係的關鍵原則。如果你希望得到別人的幫助、支持或合作，請先思考：「我能為對方提供什麼？」

第 9 堂課　贏得友誼的關鍵

真正成功的人，不是只會計算自己的利益，而是懂得如何透過給予來建立長久的關係。他們不急於索取，而是先主動付出，因為他們明白，這樣的付出，終究會帶來更豐厚的回報。

4. 寬恕的力量

《馬太福音》中有這樣一句話：「有人打你的右臉，連左臉也轉過去由他打。」這句話聽起來或許讓人難以接受，但它蘊含著深遠的智慧：寬恕他人，不只是對對方的成全，更是對自己的釋放。

當我們選擇報復，內心往往充滿了怨恨與憤怒，而這些負面情緒，最終折磨的不是對方，而是自己。相反，當我們選擇放下仇恨，才能獲得內心的平靜與自由。

莎士比亞曾說：「寬恕是高貴靈魂的代表。」那些真正有智慧的人，懂得以寬容的態度面對敵人，因為他們知道，報復只會讓自己陷入無休止的糾結，而寬恕卻能讓人走向更高的境界。

報復讓人沉淪，寬恕讓人超越

以牙還牙、以怨報怨，看似合理，卻容易陷入惡性循環，使仇恨不斷擴大，最終雙方都無法得到真正的解脫。

真正聰明的人，懂得用寬恕來化解敵意。寬恕不代表軟弱，

而是一種高層次的智慧與情操。

當我們選擇原諒對方，並不是讓對方占便宜，而是讓自己從怨恨的泥沼中解脫，將精力放在更值得投入的事情上。

過去的傷害，是否值得我們終身背負

有個企業家曾因好友的背叛而損失慘重，他憤怒不已，將對方告上法院，甚至在對方入獄後，仍無法釋懷。

多年後，這位好友試圖與他和解，但他始終不願意接受。直到某一天，一位心理醫生對他說：「你以為你在懲罰對方，其實你只是在懲罰自己。當你無法原諒，他的影子就一直占據你的內心，讓你無法真正自由。」

這句話讓他陷入深思。最終，他選擇放下過去的傷害，主動與這位舊友重新聯繫，並給了他重新開始的機會。當他這麼做時，發現自己的心境變得前所未有的輕鬆。

我們都曾被人傷害過，關鍵在於，我們願不願意放下這些傷害，讓自己獲得真正的自由？

偉人們的寬恕之道

許多偉人都懂得放下仇恨，選擇寬恕。

美國總統德懷特・艾森豪（Dwight D. Eisenhower）的兒子曾說：「我的父親從來不會浪費一分鐘在那些他不喜歡的人身上。

第 9 堂課　贏得友誼的關鍵

他深知，仇恨只會消耗自己的能量，而不會改變對方。」

前紐約市市長威廉・蓋倫在遭受槍擊、生命垂危時，仍然每天睡前原諒所有的人和事，將這視為人生的信條。即便在面對生死，他仍選擇以寬容的心態迎接每一天。

美國總統的顧問巴羅克，在遭受政敵猛烈攻擊時，卻能從容不迫地說：「沒有人能夠汙辱我，除非我允許他這麼做。」

這些偉人都明白一個道理：當你選擇寬恕，你就不再是仇恨的俘虜，而是內心真正的主人。

寬恕的最大受益者，是自己

心理學研究顯示，長期懷恨在心的人，容易出現焦慮、憂鬱、甚至心血管疾病。而選擇寬恕的人，往往更快樂、更健康。

我們常說「冤冤相報何時了」，其實，最痛苦的，往往是無法放下的人。

如果我們一直執著於過去的傷害，那麼即使對方已經不在我們的生活中，我們依然會受到影響。真正的解脫，不是靠著報復，而是靠著原諒。

林肯總統曾說：「讓敵人成為朋友，是最好的勝利。」當我們選擇原諒，我們便已經超越了過去，也讓自己邁向更高的層次。

4. 寬恕的力量

如何學會寬恕

（1）理解對方的立場——許多時候，我們的敵人並不一定是真正的惡人，而是因為立場不同、誤會或環境所致。如果我們能換位思考，或許會發現，他們的行為也有其不得已之處。

（2）放下對報復的執念——報復只會讓自己陷入負面情緒的循環，最終傷害的還是自己。選擇原諒，不是為了對方，而是為了讓自己能夠自由。

（4）轉移注意力——與其花時間想著如何報復，不如把精力投入到更有意義的事情上，例如事業、家庭、興趣，讓生活充滿正能量。

（5）尋求內心的力量——信仰、冥想、閱讀、運動等方式，都能幫助我們培養更寬廣的心胸，學會放下不必要的執念。

記住，寬恕不是軟弱，而是力量——只有真正強大的人，才有能力去寬恕。選擇寬恕，不代表讓步，而是選擇一種更聰明、更有智慧的生活方式。

當我們選擇寬恕，我們便已經勝過了仇恨。

報復只會讓自己被負面情緒吞噬，而寬恕卻能帶來真正的自由與快樂。

當你遇到傷害時，試著問問自己：「這件事，值得讓我背負一輩子嗎？」

如果答案是否定的,那麼就放下吧。因為,真正的快樂,不是來自於報復,而是來自於內心的平靜。

5. 一分耕耘,一分收穫

俗話說:「種瓜得瓜,種豆得豆。」人生就像一面鏡子,你對它微笑,它便回報你溫暖的光輝;你對它冷漠,它便折射出一片陰鬱的景象。

許多人認為,幫助別人意味著自己要有所犧牲,甚至會損失自身的利益。但其實,在幫助別人的同時,也是在幫助自己。當你伸出援手時,不僅能贏得別人的信任與感激,甚至還可能為自己帶來意想不到的機遇。

兩座橋的選擇

從前,在一個遙遠的村莊裡,住著兩位木匠——亞當與班傑明。兩人技藝高超,卻有截然不同的處世之道。

亞當為人樂於助人,無論村裡誰家需要修繕,他都會主動幫忙;而班傑明則斤斤計較,總是要求回報才肯幫忙。

有一天,大雨沖垮了村裡唯一的橋,村民們無法出外交易糧食,日子越來越難過。亞當見狀,立刻帶著工具開始搭建新橋,並號召村民一起努力。而班傑明則嘲笑他:「別傻了!這麼

5. 一分耕耘，一分收穫

辛苦，能賺到什麼？」於是，他選擇等待，看有沒有更好的機會能讓自己獲利。

幾個月後，亞當的橋建好了，不僅村民們都感激他，還吸引了鄰村的商人前來交易。亞當的木工技術得到了廣泛的認可，生意興隆，甚至獲得了鎮長的聘請，成為當地最受尊敬的人。而班傑明呢？他雖然一直等著機會，但最終卻被村裡的人冷落，因為大家都知道，他只在乎自己的利益，不願意幫助別人。

幫助他人，並不代表自己吃虧；相反，當你願意無私付出，世界會回報你超乎想像的豐盛。

與人為善，成就更大的可能

孟子說：「君子莫大乎與人為善。」真正有遠見的人，都懂得以善待人，因為他們知道，未來的某一天，這些善意將會回報到自己身上。

例如，在商場上，成功的企業家從來不吝於與人分享資源與機會，因為他們明白，合作帶來共贏，而不是零和博弈。那些斤斤計較、只顧自己利益的人，或許能在短期內獲利，但長遠來看，卻可能失去更多。

善待他人，不一定是直接給予金錢或物質上的幫助，還包括尊重、關心、支持與理解。當朋友遇到困難時，主動伸出援手；當同事遭遇挫折時，給予鼓勵與幫助；甚至，只是用一句溫暖的話語，都可能帶來深遠的影響。

第 9 堂課　贏得友誼的關鍵

一杯咖啡，改變一生的命運

曾有一位年輕人，在異地求學時遇到了困難，身上的錢幾乎花光，連下一餐該怎麼解決都不知道。他忐忑地走進一家小咖啡館，希望能討得一杯水解渴。他鼓起勇氣對店員說：「不好意思，我可以要一杯白開水嗎？」

店員看了他一眼，微笑著說：「我們這裡的水不收費，但如果你願意，我可以請你喝一杯熱咖啡。」

年輕人受寵若驚地接過咖啡，感受到前所未有的溫暖。他感激地向店員道謝，並暗自下定決心，未來一定要努力奮鬥，將這份善意傳遞出去。

多年後，這名年輕人成為了一名成功的企業家。在一次商業合作中，他意外地得知，當年那家小咖啡館即將因經營困難而關門。他親自找到店主，才發現對方正是當年請他喝咖啡的店員。

這位企業家二話不說，出資幫助咖啡館重新裝潢，甚至投資讓它發展成連鎖品牌。當店主感動地詢問他為何這麼做時，他微笑著說：「因為你當年給我的一杯咖啡，讓我相信世界仍有溫暖，今天，我只是把這份溫暖傳遞出去。」

這個故事告訴我們，一個微小的善行，可能會在未來為我們帶來無法想像的回報。

5. 一分耕耘，一分收穫

良好的人際關係，從真誠出發

一個良好的人際關係，並不是靠策略建立的，而是發自內心的真誠流露。當你真心對待他人，他人自然也會真心對待你。

有句話說：「幸福並不取決於財富、權力或地位，而是取決於你與周圍人的相處。」如果我們希望擁有幸福的人生，那就從與人為善開始吧！

我們可以從以下幾點做起：

(1) 主動關心他人 ── 當朋友或同事遇到困難時，主動伸出援手，不要吝於表達你的支持與關懷。

(2) 尊重他人 ── 不探究他人隱私，不在背後批評，尊重每個人的價值與選擇。

(3) 樂於分享 ── 知識、機會、資源，與他人分享，能夠創造更大的價值，而不是只顧自己。

(4) 建立長遠關係 ── 不要只在需要別人時才去聯繫，日常的關心與互動，才能讓關係更加穩固。

人生就像一片田地，你種下什麼，未來就會收穫什麼。

當你選擇與人為善，世界也會回報你同樣的溫暖。幫助別人，並不會讓自己損失，反而會讓你的人生更加豐盛。

種下善的種子，你將收穫愛與幸福；種下怨恨與猜忌，最終受苦的還是自己。

第 9 堂課　贏得友誼的關鍵

所以，從今天開始，試著多做一些善事，不求回報，因為真正的回報，往往在你意想不到的時刻降臨。

第 10 堂課

處世之道的關鍵法則

一個人的成功，15％來自專業技能，85％則取決於人際關係。

── 卡內基

1. 尊重來自於真誠與友善

當我們在憤怒之下對他人發脾氣，雖然可能短暫地宣洩了自己的不滿，但對方會如何感受呢？他們會因我們的怒氣而理解我們的處境嗎？還是會因我們的態度而感到受傷、反感，甚至更疏遠呢？

美國前總統伍德羅·威爾遜（Woodrow Wilson）曾說過：「如果你握緊雙拳來找我，我的拳頭也只會握得更緊。但如果你坐下來，願意和我一起討論，即便我們的意見有所不同，也可以找出原因，了解彼此的觀點，進而發現我們的分歧其實比想像中小，而共同點卻比想像中多。」這段話強調了理解與友善的重要性，讓我們能夠化解衝突，拉近彼此的距離。

第 10 堂課　處世之道的關鍵法則

友善化解對立

在 2018 年，美國費城的星巴克發生了一起因種族因素引發的爭議，兩名非裔男子因在店內等待朋友卻未點餐而被員工報警驅離，事件曝光後引起廣泛關注，並導致社會輿論撻伐星巴克。然而，這家企業選擇以友善的方式來回應。

當時的執行長凱文・強生（Kevin Johnson）立即公開道歉，承認公司的錯處，並親自會見當事人表達誠摯的歉意。此外，星巴克宣布關閉全美 8,000 多家門市一天，讓員工接受種族平權與包容文化的培訓。這樣的做法不僅平息了社會怒火，也展現了企業誠意，使星巴克重新贏得大眾的信任。這個案例證明，當面對衝突時，選擇友善與理解，能夠帶來更正向的結果。

以友善態度影響人心

類似的例子也發生在歐洲。在瑞典的一間大型汽車製造公司，曾面臨一場大規模罷工。當時工人們要求提高薪資與改善勞動條件，管理層若以強硬手段應對，可能會讓矛盾加劇。然而，公司執行長選擇與工會代表展開對話，親自前往工廠與工人溝通，並主動聆聽他們的需求。

為了表達對工人的尊重，公司不僅提供更具競爭力的薪資方案，還增加休息時間與提升工作環境。這樣的誠意讓工人們感受到被重視，最後雙方迅速達成協議，罷工在短時間內和平

落幕,且沒有造成嚴重的勞資對立。這種方式展現了以溫和、尊重的方式解決問題的力量。

偉大的領導者都懂得友善的力量

在歷史上,偉大的領導者往往懂得如何以友善的態度影響人心。美國前總統亞伯拉罕·林肯曾說:「一滴蜂蜜比一加侖的膽汁能吸引更多的蒼蠅。」這句話正是提醒我們,當我們希望改變別人的想法或贏得支持時,應該先讓對方感受到善意,而非強迫或指責。

在職場或人際關係中,這個道理同樣適用。一位企業領導者若能以友善、尊重的態度對待員工,即便面臨挑戰,也能夠建立良好的團隊氛圍,使員工願意合作,進而提升公司的整體效率與士氣。

友善是解決衝突的最佳策略

如果當初星巴克的執行長選擇為公司辯護,試圖為錯誤找理由,或者那家瑞典汽車公司以高壓手段對待罷工工人,結果可能會完全不同。這些案例告訴我們,當衝突發生時,選擇友善與包容,往往能帶來意想不到的正面效果。

正如卡內基所說:「太陽比風更能讓人脫下外衣。」這句話意味著,當我們以溫暖與理解的方式對待他人,而不是以強硬的

第 10 堂課　處世之道的關鍵法則

方式施壓,才能真正影響人心,讓對方願意接納我們的觀點。這是我們在人生旅途上,應該謹記的一項重要智慧。

2. 幫助別人,也是在幫助自己

每個人都希望受到他人的歡迎,但要做到這一點並不容易。卡內基曾指出,如果我們總是以自我為中心,試圖在他人面前展現自己,反而無法獲得真正的友誼與支持。然而,當我們伸出援手幫助他人,往往能獲得意想不到的回報。

人際交往中,主動助人是一種強大的社交技巧。俗話說:「患難見真情。」當對方急需幫助時,我們伸出援手,對方會感受到這份真心,也會在未來回報這份善意。換句話說,幫助別人就是幫助自己,這正是「助人助己」的道理。

善行的回報

在世界各地的沙漠中,旅人經常會遇到風暴,而當地人為了確保安全,會沿途插上木樁作為路標。每個路過的人都會確認並重新固定這些木樁,以防止它們被風吹走,確保後來的旅人能夠找到正確的方向。

有一次,一支探險隊正穿越非洲撒哈拉沙漠,途中突遭沙塵暴。暴風過後,一名隊員堅持停下來檢查並加固一根木樁,

2. 幫助別人，也是在幫助自己

儘管他的同伴認為這是浪費時間。然而，當他們繼續前行時，發現因沙塵暴改變了地貌，原本的路徑變得難以辨識，但剛剛固定的木樁卻成為了他們唯一的指引，使他們成功走出了沙漠。

當我們助人時，或許並未期待回報，但往往這份善意最終會幫助到自己。若這名隊員選擇無視木樁，他們可能會迷失在無邊的沙漠中。這正驗證了「助人即助己」的真諦。

以真誠換取信任

在職場上，互助合作是成功的重要關鍵。曾有一名專案經理蘇珊，被指派撰寫一份關於公司擴展策略的研究報告。然而，這份報告需要大量內部數據，而她能夠請教的人寥寥無幾。她發現，一位資深同事羅伯特擁有這些關鍵資訊，但當她向對方求助時，對方顯然並不願意多談，回答含糊其詞。

蘇珊並沒有因此放棄，而是注意到羅伯特對紅酒有濃厚的興趣。於是，她從朋友那裡找來幾瓶珍藏佳釀，並在下一次與羅伯特的交流中，主動與他聊起紅酒的話題。這次談話氣氛輕鬆愉快，羅伯特漸漸放下防備，不僅與蘇珊深入交流紅酒知識，還在無意間透露了她需要的資訊。最終，蘇珊順利完成了報告，而羅伯特也因此對她印象深刻，未來工作上更加支持她。

當我們在願意先付出一些善意與關心，往往能換來意想不到的幫助與回報。建立關係的關鍵在於真誠互動，而非單方面的索取。

第 10 堂課　處世之道的關鍵法則

贈人玫瑰，手留餘香

人際關係並非單向的付出，而是雙向的互動。許多人抱怨知心朋友難尋、人際關係複雜，但這往往與他們是否願意主動助人有關。如果我們平時只關注自身利益，而忽略別人的需求，那麼當我們需要幫助時，恐怕也難以獲得真正的支持。

俗話說：「與人方便，與己方便。」有時候，幫助他人只是舉手之勞，但可能因此獲得寶貴的機會與資源。美國作家拉爾夫·沃爾多·愛默生（Ralph Waldo Emerson）曾說：「人生最美好的回報之一，就是當我們誠心幫助他人時，也同時幫助了自己。」這句話提醒我們，當我們選擇助人時，也在為自己創造更寬廣的人生道路。

成功來自助人

在生活與工作中，願意幫助他人的人，往往也最容易獲得成功。當我們為他人帶來價值時，無形中也為自己鋪就了更好的人脈與發展機會。因此，無論何時何地，都應該學習以善意對待他人，因為助人，就是最好的投資。

正如卡內基所說：「助人，就是學會在適當的時機伸出援手。在幫助別人成功的同時，我們也能獲得更大的回報。」這不僅是一種處世哲學，更是邁向成功的重要法則。

3. 尊重他人

人類內心最深層的驅動力之一，就是渴望被重視。每個人都希望自己是重要的，無論是透過成就、影響力，甚至有時是極端的方式來證明自己的價值。

美國紐約電話公司曾進行過一項研究，調查電話對話中最常被使用的詞語。在分析 500 段對話後發現，「我」這個字竟然被使用了近 3,950 次。這項數據說明了人類本能地關注自己，並希望受到關注與重視。

哲學家約翰‧杜威（John Dewey）也曾說過：「人類最深層的驅動力之一，就是希望自己具有重要性。」這不僅是心理學的基本原則，更是影響人際關係的關鍵因素。如果我們能夠讓他人感受到自己被重視，他們就會對我們產生好感，並願意與我們建立良好的關係。

尊重帶來領導魅力

在科技業，蘋果公司（Apple）的創辦人史蒂夫‧賈伯斯（Steve Jobs）以創新精神聞名，但他也因個性嚴苛而備受爭議。然而，在他重返蘋果公司後，他學會了尊重與激勵員工，這使他成為更優秀的領導者。

1997 年，當賈伯斯回到蘋果時，公司正面臨財務危機，許

第 10 堂課　處世之道的關鍵法則

多員工擔憂未來發展。他並沒有急於改革,而是先召集團隊,與員工一對一談話,詢問他們的想法,並給予高度肯定。他不僅公開感謝團隊的努力,還親自稱讚許多員工的貢獻,讓大家感受到自己在公司內部的重要性。

此外,他還重視每位員工的創意,並鼓勵他們勇敢發表意見。他曾對設計團隊說:「這家公司能夠創造卓越產品,關鍵在於你們每一個人。」這種尊重與肯定不僅提升了員工的士氣,也讓蘋果成功轉虧為盈,並成為全球最具影響力的企業之一。

賈伯斯的成功不僅來自他的創意與決斷力,更來自於他對員工的尊重與激勵。這個案例證明,當領導者讓團隊成員感受到自己的重要性時,他們就會為組織全力以赴。

生活中的尊重

人際關係中,尊重對方的感受至關重要。有一則幽默的故事,生動地展現了這一點。

某人邀請四位同事到家裡聚餐,準備了一桌豐盛的佳餚。當三位客人準時抵達時,第四位卻遲遲未現身。主人焦急地在門口張望,一位同事安慰他不要太在意。沒想到,主人隨口說了一句:「該來的不來。」

這位同事一聽,心想:「那我是來錯了嗎?」氣憤地轉身離開。

3. 尊重他人

另一位同事見狀，趕緊上前安撫，但主人卻又不小心說道：「唉，不該走的又走了。」

這位同事立刻誤解，以為自己才是「不該走」的那個人，怒氣沖沖地離開。

最後一位同事試圖打圓場，主人卻補充：「我根本不是針對他們說的。」

結果這名同事更覺得不受尊重，直接說：「所以你是在針對我了？那我也走吧！」最終，所有客人都離開了，原本愉快的聚會變成了一場誤會。

這個故事雖然幽默，卻揭示了一個重要的道理：人們極度在意自己是否受到尊重。在日常對話中，我們應該小心措辭，避免讓對方感到被忽視或貶低。

如何讓他人感到重要

既然尊重能夠幫助我們建立良好的人際關係，那麼我們應該如何讓他人感受到自己是重要的呢？以下幾種方式可以幫助我們實踐這個原則：

(1) 多使用對方的名字

人們最喜歡聽到的聲音，就是自己的名字。當我們在對話中適時使用對方的名字，能夠讓對方感受到我們的關注，並加深彼此的親近感。

（2）專心聆聽

真正的傾聽是發自內心的關心，而不是敷衍應對。如果我們能夠拋開自己的想法，專心聆聽對方的話，對方會感受到尊重與重視。

（3）適時稱讚與肯定

讚美不需要是重大成就，即使是微不足道的小事，也能讓人感到愉悅。例如：「你的花園整理得很漂亮！」或「你的領帶搭配得很好！」這些簡單的稱讚能夠讓對方感到被認可。

（4）當有人等著與你交談時，主動打招呼

不要忽視正在等你回應的人，即使只是點頭示意，也能讓對方感受到尊重。

（5）回答問題前先停頓一下

當對方問你問題時，稍作停頓再回答，這表示你認真思考過對方的問題，而不是隨意應付。

（6）關心團隊中的每一個人

在團隊合作時，不要只關注核心成員，每個人都希望自己被重視。當我們關心所有成員，整個團隊的氛圍也會更融洽。

尊重是建立人際關係的基石

在人際關係中，尊重是維繫良好互動的基礎。當我們讓別人感受到自己的重要性，他們會對我們產生好感，並願意與我

們建立更緊密的聯繫。

正如卡內基所說:「在人類行為中,有一條至為重要的法則,如果我們遵守它,就會萬事如意,得到無數的朋友,獲得無窮的快樂。這條法則就是:永遠尊重別人,使對方獲得自重感。」這不僅是一種智慧,更是讓我們受益一生的人際關係準則。

4. 拒絕的藝術

拒絕他人是每個人的權利,正如我們擁有選擇自己生活方式的自由。然而,拒絕並不是一件容易的事。正如心理學家所說:「請求別人幫忙已經不容易,而當別人求助於你,而你不得不拒絕時,內心的掙扎更是難以言喻。因為我們都希望維持良好的人際關係,也不願讓他人失望。」

學會拒絕是人生的一門重要課題。如果我們無法恰當地說「不」,可能會讓自己陷入不必要的困擾,甚至犧牲寶貴的時間和精力。因此,適當地拒絕他人,才能讓我們專注於真正重要的事情。

然而,過於直接或頻繁地拒絕,可能會讓我們顯得冷漠無情。因此,掌握拒絕的技巧,才能在不傷害關係的情況下表達自己的意願。

第 10 堂課　處世之道的關鍵法則

尊重自我界線

比爾蓋茲以忙碌著稱,但他也是一位懂得恰當拒絕的領導者。在事業初期,他經常親自參與各種會議和合作提案,但隨著微軟業務擴展,他意識到自己無法應對所有的請求,因此學會了高效地說「不」。

他曾分享:「我學會了一件重要的事,那就是珍惜自己的時間,這意味著你必須學會拒絕一些看似重要但實際上影響不大的事務。」他不會直接回絕,而是會透過委婉的方式,向對方解釋自己的時間安排。例如,當有人邀請他參與某場非核心業務的會議時,他會說:「這個項目很有潛力,但目前我的時間已排滿,或許我的團隊成員可以提供協助。」

比爾蓋茲的做法告訴我們,學會拒絕並不等於不負責任,而是懂得如何將時間花在最重要的事情上,確保自己的精力能夠最大化發揮。

拒絕的技巧與方法

想要在不傷害人際關係的情況下說「不」,我們可以運用以下幾種技巧:

(1) 隨時準備好說「不」

許多人不敢拒絕,往往是因為缺乏自信、害怕得罪人,或是過於在意別人的看法。要克服這種心理障礙,我們應該先清

4. 拒絕的藝術

楚自己真正的優先事項,並勇敢地設立界線。

(2) 用沉默表達拒絕

有時候,不需要明確表態,沉默本身就是一種態度。例如,當朋友問你對某個話題的看法,而你不想回答時,可以選擇微笑或轉移話題,對方通常會理解你的意思。

(3) 用拖延戰術

當你不想立即拒絕對方時,可以說:「我們改天再談吧!」或者「讓我先看看時間安排,之後再回覆你」,這種方式能夠給你思考的空間,也能讓對方自然地放棄請求。

(4) 用迂迴方式表達拒絕

若有人邀請你參加一場你不感興趣的活動,你可以說:「那聽起來很有趣,但我最近比較喜歡安靜的休閒方式」,這樣既能表達拒絕,也不會讓對方覺得被冷落。

(5) 以反詰的方式回應

當別人對你施加壓力時,可以用反問來應對。例如,當有人問:「你不覺得這個提案應該接受嗎?」你可以回應:「那你認為這個提案真的對我們最有利嗎?」這樣可以讓對方重新思考,而不是強迫你表態。

(6) 以友善的方式說「不」

如果你必須拒絕對方的要求,可以先表達你的理解與尊重,然後再說明自己的難處。例如:「你的提議很棒,我真的很想幫

忙,但目前時間安排真的很緊,希望未來還有合作的機會!」

(7) 巧妙地找理由

當你不想參與某個活動時,可以找一個委婉的理由,例如:「我這週已經排滿了行程,下次我們再約吧!」這樣的說法能讓對方感受到你的尊重,而不會覺得被刻意疏遠。

(8) 用幽默來化解

幽默是一種很好的拒絕方式。例如,當有人強烈要求你參加一個你不感興趣的會議時,你可以笑著說:「如果這會議能提供免費甜點,我可能會考慮一下!」這樣既能讓對方理解你的立場,也能緩解尷尬。

拒絕不等於不尊重

拒絕是一種能力,而非冷漠無情的表現。我們應該在尊重他人的前提下,學會為自己設立界線,確保自己的時間與精力不被過度消耗。

一個人說話的語氣可以反映出他的態度和心中潛在的思想。當我們恰當地說「不」,不僅能保護自己的界線,還能讓別人感受到我們的誠意與尊重。這才是人際交往中最理想的溝通方式。

5. 學會未雨綢繆

建立良好的人際關係，就像挖一口井，必須在需要水之前先做好準備。如果等到口渴才開始挖井，那往往已經太遲了。人際交往也是如此，平時不經營關係，到了關鍵時刻才想尋求幫助，恐怕只會發現無人可依靠。

企業管理中的人際投資

臺灣半導體產業的龍頭臺積電（TSMC）在全球半導體供應鏈中擁有無可取代的地位，而這不僅來自於技術領先，更來自於他們長期對合作夥伴的人際投資。

早期的臺積電並非市場上的唯一選擇，許多大型晶片公司仍選擇自行建廠生產。然而，臺積電的創辦人張忠謀深知，若要讓全球科技公司願意將晶片製造委託給他們，信任與關係的建立至關重要。因此，臺積電從一開始就積極與客戶維繫長期合作，無論是大企業還是新創公司，都願意提供最優質的服務，並在技術合作、產能調配上展現靈活度。

當全球半導體市場出現短缺時，臺積電已經累積了深厚的合作基礎，客戶願意優先選擇臺積電，也讓它在國際市場上獲得穩固地位。這個案例充分說明，建立良好關係並非臨時起意，而是長期經營的成果。

第 10 堂課　處世之道的關鍵法則

日常人際關係的經營

現代社會節奏快，人們往往因為忙碌而忽略與朋友、同事的聯繫。然而，良好的人際關係需要長期經營，不能等到有需求時才想起對方。

一位旅居美國的臺灣人分享了她的經驗。在異鄉生活，她沒有太多時間與朋友見面，但她養成了一個習慣——經常透過電話或訊息與朋友保持聯繫。即使只是簡短的寒暄，也能讓彼此的關係保持熱絡。

有一次，她因為突發的健康問題需要緊急協助，幾位朋友立即伸出援手，甚至在醫院輪流照顧她。這讓她深刻體會到，日常的情感投資，在關鍵時刻會成為最寶貴的支撐。

這個例子告訴我們，人際關係的建立不需要複雜的手段，只要願意多關心他人，簡單的一句問候、一通電話，都能讓彼此的關係更緊密。

長期投資人脈的價值

在職場上，人際關係的累積往往能帶來意想不到的機會。一位公關公司主管曾分享他的策略，他習慣在每個月的行事曆上標注幾位客戶與合作夥伴的名字，並定期與他們聯繫，無論是邀請喝咖啡，還是單純傳個訊息問候，目的就是維持關係。

5. 學會未雨綢繆

有一次，他的公司面臨業務拓展的困難，當時的市場競爭激烈，許多潛在客戶都不願輕易更換合作夥伴。然而，因為他平時與各大品牌公司保持良好關係，當某家企業的行銷計畫出現問題時，第一個想到的就是他的公關公司，最終為公司爭取到一筆大案子。

這樣的成功並非偶然，而是長期經營人際關係的成果。如果我們希望未來能獲得更多機會，那麼現在就應該開始建立並維護好我們的人脈資源。

經營人際關係的關鍵原則

(1) 平時就應該主動聯繫，而不是有求於人才聯絡

很多人只有在需要幫助時才聯絡朋友，這樣容易讓人感到被利用。因此，平時應該主動關心別人，不只是為了日後的回報，而是真心建立互信關係。

(2) 定期與重要聯絡人互動 不論是客戶、同事還是朋友，我們應該主動定期聯絡，哪怕只是簡單的問候，也能維持關係的熱度。

(3) 提供價值，而不只是索取

讓人際關係更長久的關鍵在於「互惠」。如果我們能在朋友或同事需要幫助時適時伸出援手，那麼在我們需要幫助時，他們也會願意回應。

(4) 善用現代科技保持聯繫

現代社會不一定要透過見面才能維持關係，訊息、電話、社群媒體等都是與人互動的好工具，讓我們能夠即使在忙碌的生活中，仍然與重要的人保持聯繫。

長期關係勝於臨時抱佛腳

無論是在職場、社交圈或是家庭生活中，人際關係的維護都是一種長期的投資。如果我們只在需要幫助時才想到別人，那麼很可能會發現，對方未必願意幫助我們。相反地，如果我們平時就懂得關心、維繫情誼，那麼在關鍵時刻，朋友自然願意伸出援手。

經營人際關係的最好時機，就是現在。

6. 真誠巧妙的讚美之道

長久以來，許多人對讚美抱持偏見，認為那些擅長讚美他人的人不過是在「拍馬屁」。然而，這是一種誤解。在人際交往中，適度而真誠的讚美不僅不是討好，反而是促進關係的重要方式。

哲學家弗里德里希・席勒（Friedrich Schiller）曾說：「我們極希望獲得別人的讚揚，同時也極為害怕別人的指責。」這點在

日常生活與職場中都屢見不鮮。當我們對他人的努力與成就給予肯定時，對方不僅會感到受重視，還會產生更大的動力。

企業經營中的讚美

全球知名的咖啡連鎖品牌星巴克以良好的企業文化聞名，特別是在員工激勵方面，他們深諳讚美的力量。創辦人霍華・舒茲認為，員工是公司最重要的資產，因此，星巴克不僅提供良好的福利，還鼓勵管理層適時對員工表達感謝與肯定。

星巴克的管理者在日常營運中，會透過小卡片、員工會議，甚至是即時的口頭讚美，讓員工感受到自己的貢獻被認可。例如，一位店經理在看到某位咖啡師熱情地與顧客互動時，會在班後主動說：「你的微笑讓這家店更加溫暖，顧客肯定會記得你的服務。」這樣的讚美能夠提升員工的自信，進而在服務上更具熱忱。

這種讚美並非空泛，而是基於具體行為的肯定，讓員工感受到尊重與價值，最終也讓星巴克的品牌形象更加親和力十足。這正是讚美在人際關係與企業管理中的強大影響力。

恰當的讚美助人成功

在設計界，一位優秀的設計師不僅需要專業技能，還需要懂得與客戶建立良好關係。一位知名室內設計師阿俊，多年來

第 10 堂課　處世之道的關鍵法則

成功接下許多豪宅與商業空間設計案,而他的成功之道,除了精湛的設計能力,還包括他對客戶的細膩觀察與讚美技巧。

有一次,他受邀拜訪一位企業家的辦公室,這位企業家原本已經聯繫了多位設計師,並對所有提案都感到不太滿意。當阿俊走進辦公室時,沒有急著推銷自己的方案,而是環顧四周,仔細觀察企業家的辦公環境。

過了一會兒,他說:「您的辦公桌擺設很有層次感,這讓整個空間顯得井然有序,充分展現您的個人風格。」企業家聽了之後,眼神一亮,並分享了自己的品味理念。接著,阿俊順勢提出設計建議,強調如何透過空間規劃來進一步突顯企業家的個人品味與公司文化。

最終,這位企業家選擇了阿俊的設計團隊,並成為長期合作夥伴。這個案例顯示,適度的讚美不僅能拉近人際距離,還能夠在專業領域中發揮影響力。

讚美的技巧與應用

要讓讚美發揮正向作用,必須掌握適當的技巧,否則可能適得其反。以下是幾個實用的方法:

(1) 真誠且具體

讚美應該來自真心,且要基於具體事實。例如,與其說「你很聰明」,不如說「你的分析非常深入,讓我學到很多新觀點。」

(2) 注意場合與對象

讚美的內容要與場合匹配，且須考量對象。例如，在職場上對主管的讚美應避免過於個人化，應著重於專業成就與領導能力。

(3) 避免過度誇張

讚美應該恰到好處，過度的讚美反而會讓人感到虛假。例如，對於剛學習某項技能的人，說「你是這方面的天才」可能會讓對方感到壓力，反而不如說「你的進步非常明顯，真的很棒！」

(4) 間接讚美更具效果

有時候，透過第三方轉達讚美會比當面直接稱讚更具影響力。例如，一位主管可以在團隊會議上提到：「上次客戶特別稱讚小李的報告準備得很完善，這讓我們團隊更具專業形象。」這樣的方式不僅提升了受讚美者的信心，也能在團隊間創造更好的氛圍。

(5) 讚美要自然，避免刻意

若讚美顯得刻意或頻繁，容易讓人感到不真誠。因此，應該根據情境適時表達，讓讚美自然融入對話中，而非生硬地說出口。

讚美的力量

美國心理學家亞伯拉罕・馬斯洛（Abraham Maslow）的需求層次理論指出，自尊與自我實現是人類較高層次的需求，而這

第 10 堂課　處世之道的關鍵法則

些需求往往與外界的肯定有關。適當的讚美能夠提升個人的自信心，讓他們更有動力去追求更高的成就。

例如，在教育領域中，教師對學生的正向鼓勵能夠促進學習動機；在職場上，主管對員工的肯定能夠提高工作效率與忠誠度。無論在哪個領域，讚美都能發揮驚人的影響力。

讚美別人，也是提升自己

在日常生活中，學會讚美別人，不僅能帶來更和諧的人際關係，還能讓自己更具吸引力。當我們專注於發掘他人的優點時，也會潛移默化地提升自己的正向思維，並從中獲得更多的靈感與啟發。

第 11 堂課

有效管理工作與財務

如果你熱愛自己的工作，即使工作時間再長，也不會覺得辛苦，反而像是在享受一場遊戲。

—— 卡內基

1. 讓工作變得更有樂趣

如果我們對工作充滿興趣，那麼即使工作時間再長，也不會覺得疲憊，反而像是在享受一場遊戲。當我們用樂觀的心態面對挑戰，不僅能提升工作效率，還能為未來的發展鋪路。

興趣影響疲勞感

心理學家約瑟夫・巴馬克（Joseph Barmack）曾在《心理學學報》（*The Journal of Psychology*）發表過一項研究。他讓一群大學生執行一系列他們不感興趣的任務，結果顯示，學生們普遍感到疲倦，甚至出現頭痛、眼睛不適、嗜睡及脾氣暴躁等情況，

第 11 堂課　有效管理工作與財務

甚至有些人表示胃部不適。進一步的生理檢測發現，當人處於無聊狀態時，血液含氧量與新陳代謝速率會下降；相反，當人充滿興趣時，身體機能會加快，疲勞感也隨之減少。

這項研究說明，當我們對所做的事情感到無趣時，身體會產生倦怠感，進而影響整體狀態。然而，如果我們能讓工作變得有趣，就能有效降低疲勞。

從「厭倦」到「投入」

許多科技公司深知員工興趣與工作效率的關聯，因此致力於打造愉快的工作環境。例如，Google 在全球企業文化中以「快樂辦公」著稱。他們提供彈性工時、創新的辦公空間，甚至設有遊戲區、健身房與免費餐點，目的就是要讓員工享受工作，減少倦怠感。

此外，Google 還鼓勵員工將 20% 的時間用來發展自己的創意專案，這種制度催生了 Gmail 和 Google Maps 等成功產品。這種方法不僅提升了員工的熱情，也為公司帶來了創新與成長。

這證明了，當員工對工作充滿熱情時，他們會更有動力，疲勞感也會大幅降低。

如何讓工作變得更有趣

如果我們的工作環境無法像 Google 那樣充滿創意,是否仍然可以讓工作變得更有樂趣?答案是肯定的。我們可以透過以下幾種方式來提升工作投入度:

(1) 設定小目標,找到成就感

無論是完成一份報告、學會一項新技能,還是解決一個難題,當我們為自己設定小目標並逐一達成時,便能獲得滿足感,讓工作變得更有意義。

(2) 培養學習心態

如果我們把每一天的工作視為學習機會,而非例行公事,那麼我們就能在成長的過程中找到樂趣。例如,一名業務員不僅關注銷售數字,還可以從與客戶的互動中學習談判技巧。

(3) 創造儀式感

在工作開始前,來一杯咖啡或聽一首喜歡的音樂,讓自己進入專注狀態。這些小小的儀式可以提升工作的愉悅感,幫助我們更快進入心流(flow)狀態。

(4) 與同事建立良好關係

工作中,若能與同事建立良好的互動,就能增加樂趣,減少壓力。例如,一間成功的企業通常會定期舉辦團隊活動,提升員工間的默契,讓人更樂於投入工作。

第 11 堂課　有效管理工作與財務

從無奈到積極

　　某廣告公司的文案企劃 Angela 原本對工作感到厭倦，覺得每天撰寫的內容千篇一律，毫無新意。有一天，她決定改變心態，開始從不同角度看待自己的工作，嘗試挑戰不同的寫作風格，並積極參與公司內部的創意會議。

　　隨著她的態度轉變，工作變得有趣，靈感也開始湧現。她的企劃提案屢獲客戶好評，甚至被公司提拔為專案經理。Angela 的經歷證明，當我們願意改變心態，積極投入，工作將不再是負擔，而是一個實現自我的舞台。

假裝熱愛，最終成為真愛

　　心理學家漢斯·威辛吉（Hans Weisenger）提出「彷彿哲學」（The Philosophy of 'As if'），他認為，如果我們在一開始不覺得工作有趣，可以先假裝自己對工作有興趣，久而久之，這種「假裝」會轉化為真實的熱情。這與行為心理學中的「動作影響情緒」原則相似，即當我們行動像是一個熱愛工作的人，我們的心態也會隨之改變。

　　莎拉是辦公室的一名打字員，起初對工作毫無興趣，甚至覺得重複性的工作令人厭倦。然而，她決定改變心態，開始「假裝」自己熱愛這份工作。結果，她的效率提高了，主管對她的印象也大幅提升，最終讓她獲得升遷機會，成為公司的私人祕書。

這個案例告訴我們，即使工作本身乏味，若我們能以樂觀的態度去面對，長久下來就能發掘其中的樂趣，甚至為自己創造更多職場發展機會。

工作是人生的一部分，如何看待它，決定了我們的生活品質。如果我們能在工作中找到樂趣，那麼不僅能提高效率，還能讓自己更加快樂，減少壓力與疲憊感。

因此，當我們開始覺得工作枯燥時，不妨試著改變心態，為自己找到挑戰與樂趣，讓工作成為自我實現的一部分，而非單純的責任與壓力。

2. 借錢的藝術

向他人借錢從來不是一件輕鬆的事，許多人即使陷入財務困境，也會覺得難以開口。然而，當情況迫使我們不得不尋求外界協助時，如何恰當地提出借款請求，將決定對方是否願意幫助你。借錢的成功與否，不僅取決於你的財務狀況，還關係到你的人際關係與溝通技巧。

借錢方式應視對象而定

向不同關係的人借錢時，應採取不同的策略。

(1) 好朋友 —— 可以直接表達需求，例如：「最近有些急

事,能不能先借我一點錢?」

(2)一般朋友 ── 建議先試探對方的財務狀況,例如:「這幾個月開銷比較大,感覺有點吃緊……」如果對方願意幫忙,通常會主動詢問你是否需要借錢,這樣雙方都不會尷尬。

(3)同事或較遠的關係 ── 這類借款風險較高,因此應該更謹慎,例如:「最近有些臨時開銷,不知道能不能請你幫個小忙?」語氣應保持客氣,並表明歸還計畫,減少對方的壓力。

避免使用「行不行」的語句

當我們直接問對方「能不能借我錢?」時,這種說法會讓對方陷入兩難,因為回答「不行」可能會顯得冷漠,而回答「行」又可能是勉強自己的財務狀況。因此,建議使用更委婉的方式,例如:「如果你方便的話,能不能先幫我周轉一下?」這樣對方可以在不尷尬的情況下做出選擇。

借錢時仍要保持財務分明

金錢問題容易影響人際關係,因此即使是親密的朋友,也應該訂立清楚的還款計畫。例如,如果兩人合夥做生意,在分潤與投資時,應該先訂好書面協議,避免日後產生糾紛。確保金錢往來的透明度,能讓朋友關係更穩固,而不至於因財務問題而破裂。

2. 借錢的藝術

借錢時語氣要柔和，展現體諒

當我們向人借錢時，對方也可能面臨財務壓力，因此語氣應該盡量溫和，例如：

(1) 如果是突發情況（如醫療費用）

「家人突然生病，醫療費用有些吃緊，不知道你這段時間手頭是否比較寬裕？」

(2) 若是學費或其他長期開銷

「孩子剛考上大學，學費加上生活費讓我有點壓力，如果你方便的話，可以幫我一個忙嗎？」

這種方式既表達了你的困難，也讓對方有選擇的空間。如果對方無法幫忙，也不要表現出不滿，反而應該說：「沒關係，我再想辦法看看。」這樣可以緩解對方的壓力，讓彼此的關係不受到影響。

借錢不成，仍要保持禮貌

許多人在借錢遭拒後，可能會表現出失望甚至不悅，這樣會讓對方覺得不舒服，未來也不願意再幫忙。因此，即使對方無法借錢，應該表達理解，例如：「我知道最近大家都不容易，沒關係，我再試試別的方式。」這樣能維持彼此的關係，也展現你的大方與理性。

第 11 堂課　有效管理工作與財務

誠信是借貸關係的基礎

借錢時一定要誠實,避免說出「過幾天就還」,卻實際上無法履行承諾。若真的無法按時還款,應主動聯繫對方,告知自己目前的情況,並給予明確的還款時間。例如:「這個月的收入比預期少了一些,能不能請你再給我一個月的時間?」只要態度誠懇,大多數人都願意理解。

此外,在還錢時,若能準備一點小禮物,例如一盒點心或一封感謝信,都能讓對方感受到你的誠意,未來若有需求,再向對方借錢的機率也會更高。

借錢前的準備工作

在正式提出借錢請求之前,可以先進行一些試探,例如:

(1) 不要立即提及借錢

可以先聊聊彼此的近況,讓對方不會一開始就對你產生戒心。

(2) 確認對方的財務狀況

透過日常聊天,可以知道對方是否近期有大筆開銷,若對方本身手頭也緊,就不宜開口借款。

(3) 展現自己的能力

若你能展現你有穩定收入或良好還款紀錄,對方會更願意借錢給你。例如,可以在談話中提及自己最近獲得了額外的工作機會,讓對方對你的還款能力有信心。

3. 告別壞習慣，提升工作效率

人的習慣並非與生俱來，而是後天養成的。有些習慣對生活與工作有正面影響，而有些則可能成為阻礙。壞習慣或許有時只是小問題，並不會立即對生活與事業造成衝擊，但有些卻可能嚴重影響我們的幸福與成功。因此，對於那些影響深遠的不良習慣，我們應該積極改善，以免影響一生的發展。

井然有序的重要性

保持工作環境整潔有助於提升效率。如果你整理辦公桌，僅保留與工作相關的物品，就會發現自己的工作進行得更加順暢，也能減少出錯的機率。這種做法曾被芝加哥和西北鐵路公司總裁羅蘭‧威廉斯稱為「好管家」原則，他認為這是提高效率的第一步。

美國國會圖書館的天花板上刻有英國詩人亞歷山大‧波普的名言：「秩序是天國的第一規則。」這句話同樣適用於商業與生活領域。然而，並非所有人都意識到這一點。觀察周遭的辦公桌，你會發現許多人習慣於將檔案與文件堆滿桌面，其中一些文件甚至已經幾個星期未曾動過。有時，這種無序狀態還可能造成難以置信的後果——例如，一位來自紐奧良的業務員竟然在祕書整理辦公桌時找回了一臺「失蹤」兩年的打字機。

第 11 堂課　有效管理工作與財務

工作壓力與健康風險

當桌面上堆滿待處理的信件、報告與備忘錄時，人往往會感到焦慮不安，甚至出現緊張、壓力過大等情緒。更嚴重的是，這些未解決的事項會引發長期憂慮，而憂慮可能增加高血壓、心臟病與胃潰瘍的風險。

賓夕法尼亞州立大學的藥理學教授在研究報告中列舉了十一種導致疾病的心理狀態，其中第一種便是「強迫性履行義務的感覺，以及無止盡的待辦事項清單」。這類壓力讓人無法放鬆，最終可能嚴重影響健康。

透過整理改變心態

許多人可能會懷疑：單單整理辦公桌，真的能緩解壓力嗎？讓我們看看精神科醫師薩德勒所分享的案例。

一位大型企業的高階主管長期受到焦慮與壓力困擾。他向醫生抱怨自己總是忙碌不堪，卻無法停下來休息，導致焦慮不安。在診療過程中，醫生不斷接到來自醫院的電話，但他每次都迅速作出決策，毫不拖延地處理問題。這種俐落的應對方式讓這位主管深受啟發。他注意到，醫生的辦公桌乾淨整潔，完全沒有堆積待處理的文件，於是詢問醫生如何管理工作。醫生的回應很簡單：「我不拖延，所有的事務都在第一時間處理完畢。」

受到啟發後，這位主管回到辦公室，開始徹底整理多年來累積的舊報告與文件。最後，他清理出了一整車的廢棄文件，並決定只保留一張辦公桌，所有檔案隨時處理，不再讓堆積的文件影響心情。幾個月後，他邀請醫生參觀自己的辦公室，展現了全新的工作環境與煥然一新的精神狀態。他說：「過去，我每天看著堆積如山的文件，內心充滿壓力與焦慮。但現在，我的桌面乾淨整潔，我的心情也變得輕鬆自在。焦慮不安的感覺消失了，我覺得自己完全康復了。」

工作壓力與長壽

許多人認為過度勞累會縮短壽命，但真正影響健康的往往是憂慮與放縱。放縱會消耗人的精力，而憂慮則來自未完成工作的壓力，這種心理負擔對健康的損害更為嚴重。正如前美國聯邦最高法院首席大法官查爾斯・埃文斯・休斯（Charles Evans Hughes）所言：「人不會因為努力工作而死去，卻可能因為憂慮與放縱而折損壽命。」

4. 規劃你的開支

許多人認為，只要收入增加，財務壓力就會迎刃而解。然而，現實往往並非如此。財務專家曾指出，對於大多數人而言，

第 11 堂課　有效管理工作與財務

收入增加只會成為提高消費的動機,而不是改善財務狀況的解方。

加拿大蒙特婁銀行也曾提醒客戶,要學會聰明理財,才能真正掌控自己的財務狀況。許多人因為缺乏計畫性花費,導致金錢在不知不覺間流失。若能從年輕時就養成記帳習慣,精打細算,每一筆開支都做好規劃,未來的財務狀況將更穩健,甚至可能改變人生軌跡。

你的財富目標是什麼?

許多年輕人的財務目標是存到第一桶金——新臺幣百萬元,且希望越早達成越好。然而,根據調查顯示,約七成受訪者認為自己應該在 30 歲前至少存到 10 萬元,但實際上只有 17% 的人真正辦到。這表示,有相當多人連 10 萬元的目標都無法實現,更遑論百萬財富。

但靠自己努力賺取百萬元財富是否可能?答案是肯定的。以下提供短、中、長期三種策略,讓財富增長更有計畫性。

兩年策略:高槓桿投資,快速累積財富

若希望在兩年內達到百萬元財富目標,最可能的方式是運用高槓桿投資工具,如選擇權、期貨等。這類投資雖然風險極高,但若能準確判斷市場趨勢,無論行情上漲或下跌,都有機

會獲利。

高槓桿投資的關鍵在於理性操作,不能因市場波動而情緒起伏。這類策略適合具有高度市場敏銳度,並願意承擔風險的人。若選擇這條路,應先透過模擬交易練習,並嚴格控制資金分配,以降低風險。

五年策略:創業或業務高手之路

如果對高風險投資沒有信心,可以考慮五年內透過創業或業務工作來累積財富。這條路雖然時間較長,但同樣有機會達成百萬目標。

創業成功的關鍵在於抓住市場需求與趨勢。例如,開發獨特商品或服務,並透過加盟體系擴大規模,收取權利金,讓收入穩定成長。此外,若不想創業,也可選擇進入高佣金的銷售領域,如房地產、保險或金融商品,透過努力與策略性的經營,成為頂尖業務員,也能累積可觀財富。

十年策略:穩健理財,累積資產

如果不適合高風險投資,也不願意創業或從事業務工作,那麼可選擇較為保守的十年理財策略。這種方法適合穩健型投資人,透過定期儲蓄、投資高股息股票或基金,逐步累積財富。

另一種方式是投資房地產。雖然房價可能波動,但選對地

第 11 堂課　有效管理工作與財務

段仍有機會獲得長期增值收益。不論是自住或出租，房產都是穩健的資產累積方式。

選擇適合自己的財富計畫

你是屬於急功近利型的「兔子」，還是穩扎穩打型的「烏龜」？無論選擇哪種方式，想要提前達成財務自由，都需要有計畫地管理財務，做好風險評估，並持續學習投資理財知識。只要方法正確，百萬財富將不再是遙不可及的夢想。

5. 如何提高工作效率

每間企業都有其優勢與缺點，每位同事也各有所長，關鍵在於我們如何看待這些環境因素。如果能專注於企業與同事帶來的學習機會，便能激發工作的動力與熱情。最重要的是培養正確的心態，才能在職場上保持樂觀向上的態度。

進入新公司後，基本上只有兩條路：一是努力適應，快速融入企業文化，了解上級與同事，並找到自己的定位；二是選擇離開。然而，在競爭激烈的就業市場，對於缺乏經驗的新人來說，選擇適應與學習往往是更可行的做法。因此，職場新鮮人應該培養抗壓能力，包括認知素質、情感管理、意志力與個性發展。認知素質影響思考與學習能力，情感管理決定了我們

如何應對挑戰與壓力,而意志力與個性特質則影響我們在職場中的持續成長與適應力。

學習適應,避免過早放棄

剛畢業的職場新人往往對第一份工作懷有理想化的期待。然而,現實與理想總會有落差。

小志畢業後進入一家科技公司擔任行銷專員,剛開始充滿熱忱,也覺得能夠在這樣的企業工作十分幸運。然而,沒多久他開始對公司產生不滿,覺得管理制度不夠完善,與自己的期望相差甚遠。他常與同事抱怨公司的運作模式,甚至在主管面前也難掩負面情緒。結果,還沒等到真正熟悉企業文化與工作內容,他就因態度不佳而被辭退。

起初,小志並不以為意,覺得這份工作本來就不適合自己。然而,當他花了三個月依然找不到更好的機會時,才開始意識到當初應該耐心學習,而非輕易放棄。他後來進入另一家公司時,決定調整心態,不再過度批評,而是專注於適應與成長,最終順利升遷為主管。

這個案例提醒我們,初入職場時,耐心適應環境、理解企業文化比單純的抱怨更重要。真正成功的人懂得在現有條件下學習與成長,而非輕言放棄。

第 11 堂課　有效管理工作與財務

建立良好人際關係

職場不僅是工作的地方，也是一個需要與人互動的環境。即使在生活中習慣獨處，在工作上仍須學會與同事溝通、合作。

佳慧是一名新進的產品經理，性格直爽，對工作充滿熱情。某次在會議中，她直言指出某項企劃的問題，沒想到這番話讓資深主管感到不悅，之後在工作上對她處處刁難，讓她承受極大的壓力。佳慧一度想直接辭職，但她決定先與公司前輩請教如何應對這樣的情況。

在前輩的建議下，佳慧主動向主管表達歉意，並說明自己只是希望公司更好，並無意冒犯對方。經過這次對話，主管對她的態度有所緩和，甚至開始給她更多機會參與重要專案。佳慧從這次經驗學到，在職場中，溝通與人際關係同樣重要，若能適時調整態度，將能獲得更多成長機會。

人際關係影響工作氛圍，也會直接影響工作效率。在職場上，良好的人際互動能夠提升團隊效率，也有助於個人職業發展。許多人對建立人際關係感到畏懼，這可能是長期習慣所致，但只要採取樂觀態度，主動觀察與學習如何與同事相處，就能逐漸適應。例如，透過談論輕鬆又具共鳴的話題，或在力所能及的範圍內幫助同事，便能在不知不覺中與團隊建立良好關係。

培養職場智慧,提升效率

在職場中,專業能力固然重要,但真正決定職涯發展的,往往是職場智慧與工作效率。

提高效率的方法包括:

(1) 調整心態:以樂觀的態度面對挑戰,避免抱怨,專注於學習與成長。

(2) 時間管理:合理安排工作優先順序,避免拖延,確保工作有條不紊地進行。

(3) 提升溝通能力:與主管、同事建立良好關係,減少誤會,提高團隊合作效率。

(4) 適應變化:在不同環境中學習適應,提高抗壓能力,讓自己更具競爭力。

成功的職場人士不僅僅是技術專家,更是懂得如何在人際關係與工作效率上找到平衡的人。透過不斷學習與調整,我們能夠在職場中脫穎而出,開創更美好的未來。

6. 節儉的智慧

節儉並不是對生活的苛求,而是一種智慧的理財方式。它不僅幫助我們合理分配資源,也能提升生活的品質與挑戰性,

第 11 堂課　有效管理工作與財務

使財富得以有效累積,為未來提供更多選擇與保障。

如果你是一位資產千萬的企業家,會願意穿二手衣服、開二手車嗎?一位白手起家的企業家湯普森選擇這樣做。他深信:「少花一點,多存一點」,是長久致富的關鍵。他的故事證明,財務自由並不意味著揮霍,而是懂得如何精打細算、有效運用資源。

節儉的習慣帶來財富自由

湯普森在年輕時便學會了節儉的道理。他的父親在工作多年後突然失業,讓全家陷入經濟困境。他回憶:「父母從不考慮存錢,總是享受當下,沒有為未來做好準備。」這段經歷讓湯普森意識到,想要擁有穩定的財務未來,必須學會控制開支,培養儲蓄習慣。

大學畢業後,湯普森獲得家族留下的 7 萬美元遺產。他沒有將這筆錢用來購買新車或奢華度假,而是選擇投資股票與房地產。1980 年代,他創立了一家旅遊公司,透過市場趨勢分析與節制開銷,他的公司迅速發展,並在幾年內成功出售,讓他賺得人生第一桶金。

31 歲時,他決定退出競爭激烈的商業戰場,擁有超過 200 萬美元的淨資產。隨後,他投入廣播事業,開設個人理財節目,教導大眾如何聰明管理金錢。這個決定讓他獲得更大的成功,他透過廣播與出版,每年收入超過 200 萬美元。

6. 節儉的智慧

聰明消費與資源運用

儘管擁有龐大資產,湯普森仍然保持極簡的生活方式。他的住宅與車輛皆來自二手市場,他購物時總是貨比三家,甚至習慣在批發商店購買日常用品。他認為:「省錢並非刻意苛待自己,而是為了確保財務穩健,避免不必要的浪費。」

雖然他在個人消費上謹慎節約,但在慈善捐款方面卻相當慷慨。他經常捐贈數十萬美元給各類公益機構。他表示:「財富的真正價值不在於擁有,而在於如何運用。我可以確保自己未來無憂,並且為社會貢獻一份力量,這才是財富帶給我的真正自由。」

如何培養節儉習慣

湯普森認為,財務自由並不取決於收入的多寡,而是能否妥善管理金錢。他提出幾個理財原則:

(1) 存下薪資的 10%:每個月固定存錢,避免「月光族」現象。

(2) 避免奢侈消費:能買二手車,就不要購買全新車;不盲目追求名牌商品。

(3) 精打細算:購物前多比較價格,不衝動購物,避免非必要支出。

(4) 投資未來:將節省的資金投入穩健的投資,如股票、基金或房地產,讓錢為自己工作。

第 11 堂課　有效管理工作與財務

節儉造就長久財富

亞特蘭大市場研究所研究了過去 20 年內致富的百萬富翁，發現真正成功的人大多依靠努力、創新與節儉，而非僅僅依賴運氣或繼承財富。他指出：「真正的財務成功來自於積極進取與理性消費的習慣。」

不懂得節儉的人，很難成功；不懂得節制的人，則容易迷失。節儉不只是財富累積的基石，更是一種人生態度 —— 它能幫助我們建立穩健的經濟基礎，並在長遠的未來擁有更多選擇與自由。

第 12 堂課

委婉指正,不傷人自尊

應避免直接指責他人的錯,而是根據對方的特質,選擇他們容易接受的方式,才能達到最佳效果。

—— 卡內基

1. 指正,但不傷害

當我們需要糾正別人的錯誤時,方法比內容更重要。直言不諱有時未必能發揮正向作用,反而可能讓對方心生抵觸,甚至破壞人際關係。因此,選擇委婉的方式,讓對方在不傷自尊的情況下接受建議,往往更能達到理想效果。

旁敲側擊,讓對方自己發現

有時候,直接指出錯誤並非最佳策略,因為這可能讓對方產生防衛心理,反而抗拒改變。相反地,透過旁敲側擊,讓對方自己意識到問題,會更容易讓他接受並修正。

第12堂課　委婉指正，不傷人自尊

在教育領域，某位教師發現學生小凱在作文中多次使用錯誤的句型，而直接指正可能會讓他產生挫折感。因此，老師沒有直接批改，而是對全班說：「我們來看看這些句子，大家覺得哪一個表達更流暢？」當小凱發現自己的句子與正確範例不同時，他自己找到了問題所在，並且更願意修正。

這種方法適用於職場、教育與人際關係，因為它尊重對方的思考與成長空間，讓改正錯誤成為一種內在動機，而非外在壓力。

先行讚美，再談問題

在職場管理中，若要糾正員工的錯誤，應該先肯定他們的優點，再提出改進建議，讓對方覺得自己是被期待，而不是被責備。

約翰是紐約一家車輛維修公司的服務經理，他的員工艾瑞克最近工作效率下滑，讓客戶等候時間變長，品質也有所下降。然而，約翰沒有直接責備，而是這樣說：

「艾瑞克，你的技術一直很出色，客戶對你的評價也很好。我注意到最近你完成工作的時間比以往長了一些，品質也不像過去那麼穩定。我知道你有很強的能力，也很在意自己的表現，所以我想我們可以一起找找原因，看看如何讓你回到過去的高標準。」

1. 指正，但不傷害

艾瑞克聽後，並未感到被指責，反而開始思考自己的問題，並主動調整工作方法，確保效率與品質回到最佳狀態。

這種方式的核心在於：先給對方肯定，再指出問題，最後給予支持與鼓勵。如此一來，不僅能保留對方的自尊，還能激勵他們改進。

避免當眾指責

每個人都有自尊心，當眾責備他人往往容易引發反感，甚至讓對方選擇抗拒而非改進。因此，若有需要糾正別人的錯誤，應該選擇合適的時機與場合。

年輕的主管艾莉絲發現她的助理克里斯在報告中多次出現錯誤，她沒有在會議上公開指責，而是選擇私下與他溝通：「克里斯，我看了你的報告，發現有些地方可以再精細一些。我知道你一直很努力，這次我們一起調整，讓報告更完美。」

這樣的做法既能讓克里斯意識到問題，又不會讓他在同事面前難堪。結果，克里斯不僅感激艾莉絲的提醒，還更加用心地完成工作。

尊重與溝通，是有效糾正的關鍵

糾正他人錯誤的目的，不是為了責備，而是為了幫助對方進步。因此，我們應該選擇適當的方式，讓對方感受到善意，

而非羞辱或挫敗。

透過旁敲側擊、讚美先行、選擇適當場合等方式,我們可以在維護彼此關係的同時,幫助對方成長,這才是真正有效的溝通技巧。

2. 批評的智慧

批評的核心目標應該是幫助對方改正錯誤,而不是發洩個人不滿。如果批評只是停留在表面,或是帶著強烈的情緒,很容易讓對方產生抗拒心理,甚至引發衝突。因此,在不得不指出問題時,應該講求方式與技巧,使對方在尊嚴未受損的情況下,願意接受建議並加以改進。

透過討論與誘導來說服對方

在職場或團隊中,當我們想要推動改變,直接指出現有方法的缺陷,往往會讓對方感到被否定,進而產生防衛心態,甚至抗拒改革。因此,最好的方式不是直接批評,而是透過討論與誘導,讓對方自己發現問題,進而願意調整做法。

安娜是一家製造公司的工程督導,她的工作之一是設計獎勵制度,以激勵員工提升產能。當公司擴大產品線後,舊有的薪資計算方式已經不再合理,導致員工生產效率下降,甚至開

始抱怨薪資不公。為了解決這個問題，安娜提出了一套新的獎勵制度，希望讓薪資能更公平地反映每位員工的努力與貢獻。

她在公司會議中向高層主管說明舊制度的缺陷，並提出自己的改革方案。然而，她的建議被當場駁回，因為她的說法過於直接，讓主管們無法不失面子地承認舊制度的問題。這次失敗讓她明白，單憑理性分析並不足以說服他人，批評若不考慮對方的感受，反而會適得其反。

於是，她在下一次會議時，採取了不同的方法。這次，她沒有直接批評舊制度的缺陷，而是請主管們一起討論目前的薪資制度是否仍符合現況，並詢問他們認為可以如何改善。當主管們逐漸提出與她相似的見解時，她才適時補充自己的方案，讓這些建議看起來像是大家共同的決策，而非她一個人的想法。最終，這套新的獎勵制度順利通過，並獲得主管們的認可與支持。

事後，安娜深刻體會到，直接批評往往只會引起對方的防衛心理，讓人難以接受。然而，如果透過討論與誘導，讓對方自己發現問題，那麼批評就不再是單方面的責難，而是共同尋找解決方案的過程，這樣的方式更能讓人接受，也更容易促成改變。

先引起對方的興趣，再帶入建議

批評若直接表達，可能會讓對方感到難堪，因此，有時可以先從對方感興趣的話題切入，再逐步引導他意識到問題所在。

第 12 堂課　委婉指正，不傷人自尊

　　小宇是一名自尊心強的學生，平時作文表現優異，但某次他的文章缺乏深度，老師擔心直接指出會讓他喪失信心，於是採取了一種更巧妙的方式。他沒有立刻談論作文，而是先問小宇：「你最喜歡的東西是什麼？」

　　小宇回答：「狗。」

　　老師回應：「真巧！我也是狗迷！」

　　於是他們開始聊起狗的各種特點，並討論寵物熱潮對社會的影響。談話進行到最後，小宇主動說：「老師，我應該換個題目寫作文，這次我想寫關於寵物對家庭關係的影響！」

　　這次的作文，小宇寫得比上次更深入，也更有見解。老師沒有直接要求他重寫，而是透過對話引導他自己找到更好的寫作方向，這樣不僅保護了他的自尊，也讓他更願意改進自己的作品。

換個說法，讓對方更容易接受

　　有時候，責備的方式會影響對方的態度。如果過於直接，可能會讓對方感到被攻擊，反而抗拒改變。因此，適時換個說法，往往能更有效地傳達訊息。

　　某位父親發現兒子在家人去歐洲旅遊時，打了大量昂貴的長途電話。起初，他氣得想直接責備兒子，但後來決定換個方式提醒。隔天午餐時，他笑著對兒子說：「你上次不是說想學

習如何精打細算嗎?你可以幫我查查哪家電信公司的國際通話費率最低?」兒子一聽,立刻心虛地回答:「爸,你是不是看到電話帳單了?其實我那時候真的有很多急事,才會打這麼多電話……」

父親沒有直接責罵,而是透過一個問題讓兒子自己意識到錯,達到提醒的效果,又不傷害親子關係。

用類比方式讓對方理解

透過故事或比喻,讓批評變得更有說服力,能讓對方在不尷尬的情況下意識到問題,並願意改錯。

某位高階主管在視察部隊時,發現連隊成績雖佳,卻沒有人能清楚說明「達標」的標準。他沒有直接批評,而是用比喻說:「有個軍閥被稱為『三不知將軍』,因為他不知道自己有多少兵、多少槍、多少個妾……如果我們自己都說不清楚目標,那跟這位將軍有什麼不同呢?」

這樣的比喻讓官兵感到羞愧,並開始正視自己的問題。

用提問的方式進行批評

有時候,提問比直接指責更能引發對方的思考。

某次,著名物理學家在演講時發現後排學生在交談,於是他沒有直接斥責,而是問:「各位,你們知道自己現在坐在這裡

第 12 堂課　委婉指正，不傷人自尊

的意義嗎？你們是否珍惜這個學習機會？」這番話讓學生們安靜下來，開始自我反省。

這種批評方式不會讓人感到被羞辱，而是引導對方思考自己的行為是否恰當，進而主動改正。

有效的批評不在於語言的嚴厲程度，而在於是否能讓對方願意改錯。我們可以透過討論引導、引起興趣、換個說法、使用比喻，或是提問的方式，讓對方在尊嚴未受損的情況下接受建議，這樣的批評才能發揮真正的效果。

3. 委婉表達批評

委婉本質上是一種修辭技巧，它不是直接點明對方的錯，而是透過含蓄的表達方式，讓人自行領悟問題所在。這樣的方式不僅能夠避免傷害對方的自尊，也能讓對方在沒有壓力的情況下，更容易接受建議與改進。正因如此，許多時候我們會發現，直言不諱並不一定能達到最佳效果，反而是含蓄地暗示，能讓人更心悅誠服地接受。

機智提醒，避免讓人難堪

在公共場合，有時候我們會遇到某些不太合宜的行為，但若是直接指出，可能會讓當事人感到尷尬或不悅。此時，委婉

的表達方式就顯得尤為重要。

某天，一名顧客坐在高級餐廳裡，卻將餐巾直接繫在脖子上，這個舉動讓周圍的人感到不悅。餐廳經理叫來侍者，吩咐他提醒顧客，但要用含蓄的方式。侍者思索片刻後，走向顧客，彬彬有禮地問：「先生，請問您是準備刮鬍子呢，還是理髮？」話音剛落，那位顧客立刻意識到自己的失禮，趕緊取下餐巾。

侍者並沒有直接指出顧客的舉止不妥，而是巧妙地用幽默方式暗示，既讓對方明白了問題，又不讓他覺得難堪，這就是委婉批評的高明之處。

巧妙引導，讓對方主動改變

有時候，當我們希望別人做出改變，直接要求可能會讓對方抗拒，然而，如果能夠透過話語的設計，讓對方自己覺得應該這麼做，效果往往會更好。

在一列擁擠的火車上，一名查票員發現一位抱著小孩的婦人上車，然而座位已滿，他便開口說：「哪位願意讓個座給這位太太？」然而，他連問兩次，卻無人回應。於是，他換了一種方式，提高音量說：「這位抱小孩的太太，請往裡面走，坐在窗邊的幾位年輕人都想讓座給您，可是沒看到您呢！」話音剛落，那幾位年輕人立刻站起來讓座。

這個查票員並沒有直接指責年輕人冷漠無情，而是透過「肯定式語言」來激發他們的自尊與榮譽感，讓他們自然而然地做出

第 12 堂課　委婉指正，不傷人自尊

讓座的舉動。

同樣的，當婦人坐下後，因為氣喘吁吁，忘了對讓座者道謝，查票員沒有直接提醒她，而是轉而對小孩說：「小朋友，叔叔給你讓座，你是不是要謝謝叔叔呢？」婦人這才反應過來，趕緊對讓座的年輕人道謝，使整個場面變得和諧而有溫度。

這種含蓄提醒的方式，不但達到了目的，也讓雙方都感到舒服，這正是委婉批評的精髓所在。

運用請教的方式來批評

當發現對方做錯事時，若能換個角度，將批評轉換成「請教」，反而能讓對方更容易接受。

某次，在一處禁捕水庫，有人正在違規捕魚，遠處走來一名巡查員。捕魚者心想自己可能要被責罵了，沒想到巡查員並沒有大聲訓斥，而是語氣和善地說：「先生，您在這裡洗漁網，下游的水質會不會受到影響呢？」

這番話讓捕魚者立刻明白自己的行為不妥，於是趕緊收起漁網，連聲道歉。巡查員透過請教的方式，讓對方自行反省，而不是直接責備，這樣的方式不僅達到了勸阻的目的，還避免了正面衝突，讓對方更願意改正錯誤。

3. 委婉表達批評

以模糊語言，避免讓人尷尬

在某家公司，一位主管發現近來部分員工開始出現遲到早退的現象，為了不直接點名，他在員工大會上說：「最近一段時間，整體來說，我們的工作效率是好的，但也有少數同仁偶爾會遲到早退，或者在上班時間談天說笑……」

這番話看似沒有直接批評任何人，卻讓那些遲到早退的員工明白主管是在暗示他們，並且給了他們自行調整改進的空間。若主管直接點名，這些員工可能會覺得自己被羞辱，甚至反感，但透過模糊語言，他們反而會願意接受這樣的提醒。

讓批評帶有鼓勵與正面意義

年輕的居伊‧德‧莫泊桑（Guy de Maupassant）曾向名作家居斯塔夫‧福樓拜（Gustave Flaubert）請教詩歌創作，當他讀完自己的詩作後，福樓拜端起酒杯，輕輕搖晃了一下，語帶幽默地說：「這首詩的句子雖然有些生澀，像塊牛蹄筋般嚼不動，不過……我讀過比這還糟的詩，你的這首勉強還能入口。」

這番話，既指出了莫泊桑詩作的缺點，卻也給了他鼓勵與改善的空間。這種帶有幽默感的批評方式，讓莫泊桑既不至於太過受挫，也能意識到自己的不足，繼續努力改進寫作技巧。

第 12 堂課　委婉指正，不傷人自尊

附帶建議，而非只指出問題

有效的批評不只是指出問題，更應該提供改進的方向。如果只是一味責備，卻沒有給予對方解決方案，對方可能只會感到無助與沮喪，甚至產生反感。

一位丈夫回家後發現家裡一團亂，正巧家中有客人要來，他生氣地對妻子說：「家裡這麼亂，還有客人要來，妳怎麼還坐在那裡化妝？」這樣的話只會讓對方覺得受到了責難，卻沒有實質幫助。

如果換個說法：「家裡還有些地方需要整理，客人快到了，我們先一起收拾吧！」這樣不僅讓對方感受到關心，也能夠有效解決問題。

批評的目的是讓對方意識到問題並加以改進，而不是讓對方感到被羞辱或反感。透過請教、暗示、模糊語言、類比、幽默、提供建議等方式

4. 善意包裝批評

許多人提到「批評」，第一個想到的可能是「挑剔」。但真正高明的批評並不是單純的指責，而是包含交流、引導與印證。批評的目標不應該是讓對方難堪，而是幫助對方認知問題並願

意改正。因此,批評的方式至關重要——適當地包裝「良藥」,讓它不再苦澀,才能真正發揮效果。

在現實生活中,批評往往被視為一種難以接受的「苦藥」,人們天生抗拒被指正。批評得當,人們能從中受益並願意改變;但如果方式不對,不僅會讓人產生抵觸心理,甚至可能影響彼此關係。因此,批評若能加上一層「糖衣」,就能讓話語更容易被接受,使批評者的好意真正達到目的。

透過關懷與行動,讓批評不再刺耳

當我們試圖糾正他人時,若是單純指出問題,對方可能會因自尊受損而抗拒。然而,若能先展現關心,再用行動來引導,對方會更容易接受,甚至主動改變。

志豪在科技公司擔任部門主管,晉升不久後,他發現有些下屬對他存有敵意,其中阿凱的態度尤為明顯。阿凱經常遲到,幾乎每天都是在最後一刻才趕到公司,雖然沒有超過公司規定的遲到時間,但明顯缺乏責任感。

志豪知道,若直接指責,可能會讓對方更反感,於是他換了一種方式。他在辦公室內請阿凱聊聊,語氣和緩地問:「最近有沒有遇到什麼困難?是不是上下班的交通有影響?」

阿凱聳聳肩,不以為意地說:「沒什麼啦,塞車的事我也沒辦法控制,再說,我也沒有違反公司的規定。」

第 12 堂課　委婉指正，不傷人自尊

「我沒有別的意思，只是關心一下。」志豪笑了笑，然後話鋒一轉：「對了，我記得你住在北區吧？剛好我每天上班會經過那邊，之後你要不要一起搭我的車？這樣你就不用擔心塞車的問題了。」

阿凱愣了一下，沒想到主管會這麼說，心裡有些不好意思。他猶豫了一下說：「呃……這樣不太好吧？你是主管，怎麼可以特別載我？」

「沒關係，我們是同事嘛，互相幫忙應該的。」志豪笑著回應。

這番話讓阿凱突然感到有些慚愧，過去的敵對情緒也逐漸化解。雖然他後來還是拒絕了志豪的提議，但從那天起，他不再故意遲到，而是比以往更準時到公司。

這種方式，不用直接批評對方的不負責任，而是用關心的方式來讓對方意識到自己的問題，進而自發改變，這正是「糖衣批評」的力量。

用正向語言表達

批評時，很多人習慣用「先表揚，後轉折」的方式，例如「你的表現很不錯，但是這次的錯不應該發生」。然而，「但是」往往會讓人忽略前面的讚美，直接把重點放在後面的批評上，最終仍然讓人感到被否定。

若能將「但是」換成更自然的方式，批評就能更具建設性。

例如，與其說「你的表現不錯，但是還有進步空間」，不如說：「你的表現不錯，如果再加強這個部分，會變得更完美！」這樣的話語，讓對方感受到肯定的同時，也願意主動去改進。

適可而止

「金無足赤，人無完人」，任何人都可能犯錯。但事實上，大多數有上進心的人並不希望犯錯，當我們批評對方時，若能留給對方一點空間，讓他感覺到自己的價值，會讓他更感激你的提醒，而非懷恨在心。

主管發現新進員工在會議上發表意見時，缺乏邏輯，表達不夠清楚。她沒有直接批評說：「妳的論述太混亂了！」而是這樣說：「妳的觀點很有潛力，若能稍微組織一下論點，會讓整體更有說服力！」

這樣的說法，既肯定了員工的努力，也讓她有進步的方向，而不會讓她因害怕被批評而不敢再發言。

批評的藝術，不僅在於指出問題，更在於如何讓對方願意改正問題。透過適當的包裝，批評不再是一味的責備，而是一種有效的溝通方式。我們可以透過關懷的方式引導對方改變，用鼓勵代替指責，避免負面詞彙帶來的防衛心理，並在批評中保留對方的自尊，讓他感受到自己的價值。

畢竟，真正的批評不是為了貶低對方，而是為了幫助他變得更好。

5. 無效批評的陷阱

批評是一門藝術，既不能過於輕描淡寫，讓人無法察覺問題，也不能過於嚴苛，使人因自尊受損而反感甚至抗拒。有效的批評，應當在理性與情感之間取得平衡，讓對方認識到問題並願意改正，而非激起對立情緒。

在現實中，許多批評因為方法不當，非但沒能達到幫助人的目的，反而讓人感到被冒犯，進而影響了關係。因此，以下這些批評方式是絕對不可取的。

無憑無據，捕風捉影

批評必須建立在事實的基礎上。如果沒有經過確認就隨意指責，往往會造成誤會，甚至讓人感到被冤枉，從而產生強烈的反感。

雅雯在公司裡工作認真，但有一天，主管突然找她談話，語氣嚴厲地說：「妳是不是這幾天都在上班時間偷懶？」雅雯愣住了，急忙回應：「沒有啊，我這幾天都很忙，怎麼會偷懶？」

主管冷冷地說：「有人跟我說，妳這幾天常常在電腦前發呆，工作效率變差了。」

雅雯感到委屈，她的確偶爾會停下來思考，但那是因為她負責的專案需要精確計算與規劃，而非在偷懶。這種沒有經過

5. 無效批評的陷阱

查證的指責，讓她對主管產生了不信任感。

如果主管在指責她以前，先透過數據分析或與雅雯溝通，確認她的工作狀況，而不是單憑「聽說」，這場對話的結果會完全不同。

大發雷霆，惡語傷人

批評不應該是情緒的發洩。如果一味用責罵或羞辱的方式來批評，非但無法讓人接受，還可能引發更大的對立與衝突。

在某次公司會議上，經理小楠發現下屬明誠提交的報告中有幾處錯。她當場拍桌，大聲說：「這份報告根本就是一團亂，你到底有沒有在用心？我是不是應該考慮換一個更細心的人來負責？」

明誠的臉瞬間漲紅，他並不是故意犯錯，而是因為當時手上有多個專案，時間過於緊迫，才導致失誤。然而，經理的公開批評不但沒有幫助他改善，反而讓他覺得受辱，心生不滿。

如果經理改用更理性的語氣，例如：「這次的報告有幾個地方需要調整，一起來看看怎麼改善吧。」那麼，明誠不僅不會感到難堪，還會主動改正。

第 12 堂課　委婉指正，不傷人自尊

不分場合，隨處發威

批評應該注意場合。有些批評可以公開進行，例如針對團隊的建設性建議；但有些批評，特別是關於個人的問題，應該私下進行，避免讓當事人難堪。

小宇在公司會議上被主管當眾指責：「你這次的行銷策略根本毫無創意，完全沒達到預期效果。」他的同事們紛紛看向他，使他尷尬至極。

這場批評原本可以是一次有建設性的討論，但因為主管選錯了場合，讓小宇覺得被羞辱，導致他之後對工作變得消極，甚至開始對主管產生敵意。

如果主管選擇在會後私下找小宇討論，效果將大不相同。

吹毛求疵，過於挑剔

沒有人是完美的，過於苛求反而會讓人感到無所適從，甚至變得消極。

小莉的主管對她要求極高，無論是報告的字型大小，還是郵件的措辭，都要一再修改。雖然小莉一開始願意學習，但後來她發現，即使自己做得再完美，主管還是會找到新的問題。最後，她乾脆變得被動，做事時不再主動思考，因為她知道，不管怎麼做，都不會讓主管滿意。

適當的標準有助於提升工作品質,但過度的挑剔,反而會抑制員工的積極性。

清算總帳,揭人老底

批評應該針對當下的問題,而不是把過去的問題全部翻出來,讓人覺得是在「秋後算帳」。

有一次,主管對阿哲說:「你這次的客戶資料弄錯了,這已經不是第一次了,上次的報告出錯也是你,還記得去年你弄丟的重要文件嗎?」

阿哲聽了,心裡滿是不滿:「明明是討論這次的問題,為什麼要把過去的事情也拿來說?」

當批評變成對過去的「清算」,對方的情緒很可能會從反省轉變為防禦,甚至產生敵對心理。

以勢壓人,威脅逼迫

當批評帶有威脅意味,會讓對方感到被逼迫,而非受到建設性的指導。

有一次,主管對下屬說:「這次的專案如果再出錯,你就準備走人吧!」這種語言不僅不會讓人改進,反而可能讓員工產生壓力過大、無心工作的情緒。

相反地,若改為:「這次的專案有些地方需要改進,你可以

再看看怎麼提升會更好。」會讓對方更願意聆聽,也能促使他積極改正。

反覆批評,無休無止

批評應該點到為止,讓對方有時間與空間去改正。如果一再重複,反而會讓對方產生抗拒心理,甚至覺得你是在針對他。

有位老師對學生說:「你這次考試粗心,跟上次一樣,上次就已經提醒過你了,怎麼還是一樣?下次可不許這樣了!你每次都這樣,真的讓人頭疼!」

學生聽了,不僅沒有認真檢討,反而心生不滿:「我已經知道自己錯了,為什麼還要一再強調?」

如果老師在第一次責備後,給予學生一些改進的方法,而不是一再重複提及他的問題,效果會好得多。

批評的目的是幫助對方改進,而不是讓對方難堪、受挫或產生敵對情緒。好的批評應該基於事實,選擇適當的時機與方式,以尊重的態度進行。

如果批評過於嚴苛、不分場合、缺乏建設性,反而會讓對方產生抵觸心理,甚至影響彼此的關係。因此,批評應該是為了解決問題,而非發洩情緒。

第13堂課

家是幸福的起點

在所有摧毀愛情的可怕手段中,地獄魔鬼所設計的最致命武器,莫過於喋喋不休。

—— 卡內基

1. 真誠讚美,愛更長久

美國作家馬克‧吐溫曾說:「如果有人真心讚美我,我可以靠這句話活上兩個月。」這句話或許帶有誇張的成分,卻道出了讚美在人際關係中的重要性。

家庭是幸福的基石,而婚姻則是長期經營的一段旅程。能否保持親密關係,不在於熱戀時的激情,而在於日常生活中是否能夠彼此欣賞、尊重與理解。讚美不僅能讓對方感受到被重視,更能營造和諧溫暖的家庭氛圍,讓關係更加穩固。

第13堂課　家是幸福的起點

讓對方知道你的欣賞

人們都希望自己能被看到、被認可。當一個人付出努力時，來自親近之人的肯定是一種強大的動力。如果我們總是習以為常地接受對方的付出，而不曾表達感謝或讚美，那麼再深厚的感情，也可能在長久的冷漠中被消磨殆盡。

有一則發人深省的故事：

一對長年生活在農村的伴侶，彼此相伴了二十多年。某天，伴侶中的一人將一大堆乾草放在餐桌上，另一方驚訝地問：「你瘋了嗎？你怎麼會把草放在桌上？」

對方平靜地回答：「因為我為你做了二十年的飯，但從未聽你說過一句感謝的話，所以我開始懷疑，你吃的和牲口吃的沒有什麼不同。」

這句話猛然點醒了對方。這二十年間，對方並非不欣賞，而是從未表達。這樣的忽視，讓關係變得冰冷疏遠。

關係的長久並非來自某個偉大的承諾，而是來自日常生活中的點滴關懷與肯定。如果能夠對彼此的努力說聲「謝謝」，對對方的優點多加讚美，那麼再瑣碎的日常也能充滿溫暖。

真誠的讚美，勝過千言萬語

讚美應該是真誠的，而不是流於形式。有人認為：「對方應該知道我在意他，我不需要說出口。」但事實上，沒有明確表達

1. 真誠讚美，愛更長久

的讚美，對方未必能夠察覺。有時候，一句簡單的稱讚，能夠帶來意想不到的效果。

曾經有一位知名演員，為了追求夢想，選擇退出舞臺，專心陪伴家人。有人問她是否曾經後悔，她笑著說：「雖然我失去了掌聲，但我的家人每天都給我最大的鼓勵和支持。」

她的伴侶則補充道：「她是我們家最閃耀的明星，我每天都為她鼓掌。」

這樣的肯定，讓這位演員即使離開舞臺，仍然感受到自己被珍視。真正的幸福，不來自外界的認可，而是來自最親近之人發自內心的肯定。

每個人都有值得被讚美的地方——溫柔、細心、幽默、智慧、果斷、負責、體貼……重要的是，我們是否有發現這些優點，並大方地表達出來。當我們讚美對方時，不僅讓對方感受到幸福，自己也會因為關係的融洽而更快樂。

文化影響下的沉默，需要被改變

在某些文化背景中，許多人習慣將感謝與讚美藏在心裡，認為愛應該是默默付出的，而不需要刻意說出口。然而，研究顯示，長期缺乏言語上的肯定，容易讓關係產生誤解與距離。

美國婚姻學家詹姆斯・杜布森（James Dobson）與伴侶雪莉（Shirley Dobson）共同研究家庭關係，他們發現：「成功的婚姻

第 13 堂課　家是幸福的起點

來自於尊重與協商,而非命令與批評。」他們提倡,在關係中,應該積極肯定彼此的努力,讓對方知道自己是被欣賞的。

婚姻學者約翰・格雷(John Gray)也曾指出:「在關係中,光是彼此相愛還不夠,更重要的是如何讓對方感受到這份愛。」如果總是習慣用挑剔的方式與伴侶互動,那麼即使彼此深愛對方,感情也可能在不斷的負面話語中被消磨。

當我們願意打破沉默,勇敢地對伴侶表達欣賞,婚姻與家庭生活就會更加和諧幸福。

建立讚美的習慣

讚美不是一時的行動,而應該成為日常習慣。小說家阿諾德・貝內特(Arnold Bennett)曾說:「夫妻之間的禮貌,是決定感情長久與否的關鍵之一。」

如果我們能夠每天對伴侶說一句讚美的話,例如:「謝謝你今天的努力,讓家裡更溫馨」,或是「你的想法真的很有創意,讓我對這件事有了新的看法」,這些簡單的話語,能夠大幅提升彼此的幸福感。

關係的經營並非靠大張旗鼓的浪漫,而是從日常細節中累積而成。當我們選擇用讚美與欣賞取代指責與埋怨,家庭就會變得更加溫暖。

家庭的幸福,來自於彼此的尊重與肯定。如果我們總是挑

別對方的缺點,那麼關係將充滿摩擦與不滿;但如果我們能學會欣賞對方的優點,並勇敢地說出來,那麼感情將會更加穩固。

婚姻與家庭生活,並不是靠習慣維持,而是靠用心經營。

當我們願意真誠地對伴侶說:「謝謝你」、「你做得很好」、「有你真好」,這些看似簡單的話語,將會成為關係中最珍貴的養分,讓愛更加深厚,讓家庭成為真正的幸福搖籃。

2. 不要忽視細節

愛情與親密關係的維繫,並不取決於轟轟烈烈的浪漫或昂貴的禮物,而是藏在日常生活的細節裡。許多感情的裂痕,往往並非來自劇烈的衝突,而是因為長期忽略彼此的感受,讓微小的不滿逐漸累積成難以彌補的距離。

「善待他人,因為你所遇見的每一個人,都正在經歷人生的戰役。」這句話同樣適用於親密關係。當我們願意關心並珍視日常的細節,關係就能更加穩固與幸福。

不要忽視生活中的小舉動

在日常忙碌的節奏中,我們往往容易將關心與表達感謝視為理所當然。當一個人為家庭付出時,如果總是得不到回應與肯定,那麼再大的愛,也可能逐漸消退。

第13堂課　家是幸福的起點

有一位演員，工作繁忙，經常需要在不同城市間奔波。然而，無論多忙，他每天都會抽空發訊息給伴侶：「今天的行程如何？有沒有遇到什麼有趣的事？」這樣的小小關懷，讓對方感受到被重視，而不會因為距離而產生疏離感。

這樣的舉動並不需要太多時間，也不需要特別的計畫，但它的影響卻遠遠超乎想像。即使只是下班時帶一份對方喜歡的點心，或是在對方煩惱時給予一句鼓勵，這些看似微不足道的行為，卻能讓關係更加溫暖。

記住重要的日子

許多人會因為工作繁忙或個性隨性，而忽略重要的紀念日。但事實上，這些日子對於維繫感情至關重要。

心理學家指出，紀念日不只是單純的日期，它承載了回憶與情感的象徵意義。當伴侶發現自己珍視的日子被對方記住，這種被重視的感覺，能大大提升彼此的親密感。

例如，有位企業家即使行程再滿，每年結婚紀念日，他都會親自準備一頓晚餐，不管料理水準如何，重點是讓伴侶知道：「我沒有忘記這一天的意義。」這樣的行動，不只是慶祝，更是讓對方知道：「你在我的生命中很重要。」

我們不需要等到對方生病住院時才送上一束鮮花，也不必等到問題發生後才來彌補。日常的關懷，比任何補償來得更有力量。

2. 不要忽視細節

細節決定關係的長久

一位曾經調解數千件婚姻糾紛的法官曾說:「真正導致婚姻破裂的,不是重大的衝突,而是日常忽視的細微瑣事。」

在法庭上,他聽過無數離婚理由,其中大多不是因為背叛或重大衝突,而是「對方不再關心自己」、「總是覺得彼此變得陌生」、「沒有任何交流」等細微卻致命的問題。

有一對感情和睦的夫妻,他們的相處之道其實非常簡單:每天早晨,彼此都會對對方說一聲:「今天辛苦了,加油!」這句簡單的話,讓他們在繁忙的日常裡仍能感受到對方的支持。

對於親密關係來說,最可貴的,並不是**轟轟**烈烈的表白,而是每天那些不被忽視的小細節。例如:

(1) 當對方說話時,放下手機,專心聆聽。

(2) 在忙碌的日子裡,也記得問一句:「今天過得怎麼樣?」

(3) 知道對方的喜好,在不經意的時候給予驚喜。

(4) 這些微小的行為,可能比任何昂貴的禮物更能讓人感受到愛。

學會「睜一隻眼,閉一隻眼」

關係的經營,不是尋找完美的伴侶,而是學會如何珍惜彼此的優點,並包容彼此的不足。

第 13 堂課　家是幸福的起點

　　許多感情破裂的原因，不是因為對方犯下不可原諒的錯，而是因為彼此過於計較小事。例如：「你總是忘記收拾東西」、「你為什麼沒記得幫我買咖啡？」這些問題，若反覆累積，最終可能成為爭執的導火線。

　　許多成功的伴侶都明白一個道理：「婚前睜大眼睛，婚後學會適時閉上一隻眼。」這並非逃避，而是懂得將焦點放在對方的優點上，讓彼此的感情能夠穩定發展。

　　我們經常以為，愛情需要驚天動地的表白，親密關係需要偉大的犧牲。但事實上，真正讓關係長久的，是那些微不足道的日常細節。

　　當我們願意在日常生活中關心對方、記住重要的日子、用心經營細節，並學會包容與體諒，那麼無論外界環境如何變化，感情都能夠穩固長存。

　　幸福，不是來自於一次性的浪漫，而是來自每天不被忽略的細節。

3. 擺脫性觀念誤區

　　在親密關係中，性觀念不僅影響彼此的親密程度，也影響著婚姻的穩定性。然而，許多人因社會文化、家庭教育或個人經驗的影響，對性存在許多誤解，這些誤解可能導致溝通困

難、心理壓力，甚至影響關係的和諧。

研究顯示，許多情侶或夫妻在性生活不和諧時，往往歸咎於伴侶，而忽略了自身的性觀念是否存在誤區。事實上，性知識的缺乏、對身體的誤解，以及對性愛的過高或過低期待，都是影響關係的關鍵因素。

以下是幾種常見的性觀念誤區，以及如何建立更健康的態度。

性不是單方面的「付出」

在許多文化中，性被視為是一種義務，而非一種相互享受的親密互動。這種觀念導致某些人認為，只要「履行義務」，關係就應該是和諧的。

例如，有些人認為：「只要我願意陪伴伴侶，他／她就應該滿足，其他問題就不應該存在。」這種想法忽略了性不只是生理需求，而是雙方的情感交流。如果一方只是被動地「履行義務」，而沒有真正參與其中，那麼長久下來，關係很可能變得冷淡或充滿壓力。

更理想的方式是，將性視為雙方共同的體驗，而非單方面的付出或接受。建立開放的溝通，理解彼此的需求與界限，能讓親密關係更健康、更自在。

第 13 堂課　家是幸福的起點

不必過度在意「完美形象」

許多人受到傳統價值觀的影響,認為親密行為應該符合某種「標準」,例如應該是「矜持的」、「不應該太主動」、「不應該表現太多情感」等。然而,這些想法往往會讓人在親密關係中感到壓抑,甚至無法真正享受與伴侶的互動。

事實上,親密關係最重要的是自然與真實,過度壓抑自己只會造成不必要的壓力。例如,有些人可能認為:「如果我表現出太多熱情,對方會不會覺得我不夠『正經』?」這樣的想法可能會導致雙方在關係中缺乏真正的親密感。

健康的親密關係應該讓人感到自在,而非充滿自我審查與壓抑。放下對自己的過度評價,學會接受自己在親密時的情感與需求,才能真正享受關係的樂趣。

性生活的品質不等於愛情的深度

雖然親密關係確實影響婚姻的品質,但過度強調性的重要性,反而可能造成不必要的壓力。許多人誤以為:「如果我們的性生活不夠完美,代表我們的愛情不夠深。」這種想法可能導致不必要的焦慮,甚至影響感情的穩定性。

現實中,每對伴侶的親密頻率與需求都不盡相同,且受到生活壓力、健康狀況、心理狀態等多種因素影響。當一方對性生活的期待與另一方不同時,應該透過溝通來調整,而非直接

3. 擺脫性觀念誤區

將問題歸咎於「不夠相愛」。

一段健康的關係，應該能夠平衡彼此的需求，而非讓性生活成為衡量愛情的唯一標準。當遇到親密上的困難時，嘗試與伴侶坦誠對話，而非將問題擴大到「愛不愛我」的層面。

理解性別差異，避免過度解讀

在親密關係中，不同性別的生理與心理需求有所不同，但這並不代表一方應該完全符合對方的期待。

例如，有些人可能誤以為：「我的伴侶如果愛我，就應該隨時準備好親密互動。」然而，實際上，壓力、疲勞、心理狀態都會影響人的性慾，無論是誰，都不可能在任何時刻都保持相同的親密需求。

過度解讀對方的反應，可能會讓自己產生不必要的不安，例如：「他今天拒絕了，是不是不再愛我了？」這樣的想法容易導致不必要的衝突。事實上，建立健康的溝通，比單方面的臆測來得更重要。

當一方對親密關係有疑問時，應該直接與伴侶討論，而非自行猜測，否則容易讓誤解持續擴大。

第 13 堂課　家是幸福的起點

不要以「懲罰」作為控制手段

在某些關係中，親密行為被當作是一種「籌碼」，例如：「如果你讓我不開心，我就不想跟你親密。」這種以性作為懲罰或操控的方式，會對關係造成極大的傷害。

健康的親密關係應該是基於互相尊重與理解，而不是作為情緒勒索的工具。如果有不滿，應該透過溝通來解決，而不是透過拒絕親密來懲罰對方。這樣的做法可能會讓雙方都感到挫折，最終影響感情的穩定性。

親密關係是婚姻與感情的重要組成部分，但它不應該成為壓力或衝突的來源。許多誤區源自社會文化的影響，而非實際的生理需求。建立健康的性觀念，不僅能讓彼此更自在，還能讓感情更加穩固。

建立健康的親密關係，關鍵在於尊重、理解、溝通與包容，而不是壓力、控制或刻板印象。

當我們願意放下對性的誤解，學習更開放與科學的態度，才能真正享受親密關係帶來的幸福。

4. 學會欣賞你的伴侶

許多人認為，親密關係中的感情不需要隨時掛在嘴邊。然而，如果從不以行動或言語表達，那麼再深厚的感情，也可能

4. 學會欣賞你的伴侶

因為缺乏滋養而逐漸淡去。

心理學家研究發現，適時地表達感謝與欣賞，不僅能讓伴侶感受到被重視，還能增強彼此的親密感與幸福感。很多人以為，對方應該知道自己的愛與感謝，但實際上，人們往往需要具體的肯定與關懷，才能真正感受到愛意的存在。

夫妻、伴侶間的感情，就像是一棵植物，需要陽光與水分來滋養。如果長期缺乏關心與欣賞，即使曾經深愛彼此，也可能因為忽視而漸行漸遠。因此，學會適時表達欣賞，是維持幸福關係的重要關鍵。

欣賞是雙向的

許多人習慣於評價伴侶的不足，卻忽略了對方的優點與努力。例如，當對方準備了一頓美味的晚餐，有些人可能會覺得：「這是他的責任」，而不會特別表達感謝。長久下來，這樣的態度會讓伴侶感到自己的付出被視為理所當然，最終影響關係的和諧。

有位丈夫曾分享他的經驗：「我的伴侶每天都為我們準備晚餐，過去我從未特別稱讚她的廚藝，直到某天朋友來家裡吃飯，對她的料理大加讚賞，我才發現自己從未表達過欣賞。當我第一次真心誠意地告訴她：『這道菜真的很好吃，我很幸運能享受到你的料理』，她露出了驚喜又開心的笑容，那一刻我才明白，簡單的一句話，可以讓彼此的感情更加溫暖。」

第 13 堂課　家是幸福的起點

相同的道理也適用於所有關係。如果你希望對方對你表達欣賞，那麼你也應該主動對對方表達感謝與讚美。欣賞應該是雙向的，當彼此都能感受到被珍視，關係自然會更加穩固。

在日常中創造肯定與支持

欣賞並不需要等到特殊的場合或重大成就才表達，日常生活中的小細節，同樣值得肯定。例如：

（1）當伴侶在工作或生活中遇到挑戰時，給予鼓勵與肯定：「我知道你很努力，你真的做得很好。」

（2）觀察對方的特點，並真誠地讚美：「你的幽默感讓我的生活更快樂。」

（3）當對方為家庭付出時，表達感謝：「謝謝你今天整理家裡，讓我們的空間變得更舒適。」

這些話語看似簡單，卻能讓對方感受到被重視與愛護。

研究顯示，經常表達肯定與欣賞的伴侶，比較少出現關係倦怠的問題。相反，如果總是批評、挑剔對方的不足，容易讓彼此感到挫折與疏遠。

有一對結婚三十年的夫妻曾分享：「我們每天都會找一件值得感謝對方的事，無論多小，睡前一定會說一句『謝謝』。這讓我們的感情一直保持溫暖。」

4. 學會欣賞你的伴侶

這種習慣，讓他們即使經歷生活中的風風雨雨，仍能維持穩定的幸福關係。

別讓欣賞變成「例行公事」

有時候，人們會覺得自己已經在表達欣賞，但對方卻仍然感受不到被重視。這可能是因為讚美變得機械化，缺乏真誠的情感。例如：「你今天的衣服很好看。」如果只是隨口一說，而不是發自內心，對方可能感覺不到這句話的真誠。

真正的欣賞，來自於細緻的觀察與發自內心的感受。例如：

(1) 具體描述：「這件衣服的顏色很適合你，讓你看起來很有精神。」

(2) 帶有情感的肯定：「我真的很欣賞你這麼有耐心，讓我們的關係更和諧。」

(3) 在行動上展現：不只是言語表達，也可以透過行動讓對方感受到欣賞，例如：為對方準備一頓喜歡的餐點、寫一張感謝的便條等。

當對方感受到你的讚美是真心的，而不是例行公事或敷衍時，這種欣賞才會真正產生正面的影響。

第 13 堂課　家是幸福的起點

欣賞不是改變對方，而是接受與珍惜

　　許多關係中的衝突，來自於想要「改變」對方。例如：「如果他能更細心一點，我們的關係會更好。」然而，期待對方按照自己的標準改變，往往會帶來更多的摩擦，而非更好的關係。

　　心理學家約翰・高特曼（John Gottman）研究指出，幸福的關係建立在「接納」而非「改變」之上。當我們學會欣賞伴侶的獨特性，而不是試圖讓他變成理想中的樣子，關係才會更穩定。

　　有對夫妻結婚多年，丈夫習慣早起，妻子則喜歡晚睡。過去，丈夫總是抱怨妻子賴床，而妻子則覺得丈夫太過刻板。後來，他們學會了改變想法，丈夫開始欣賞妻子的夜晚創造力，而妻子則讚賞丈夫早起的自律。當彼此開始接納對方的習慣，而不是強迫對方改變，他們的關係變得更加和諧。

　　關鍵不是要讓對方符合你的期待，而是學會欣賞對方的特點，找到彼此最適合的相處方式。

　　親密關係中的欣賞與肯定，不只是讓對方開心的手段，更是維繫感情的關鍵。當我們學會用心觀察，真誠表達感謝與讚美，不僅能讓對方感受到愛，也能讓關係更加穩固與幸福。

5. 謙和待人

在日常生活中，我們往往對外人表現出彬彬有禮，卻容易忽略對最親近的人的態度。無論是夫妻、伴侶還是親子關係，長期缺乏尊重與體諒，會讓感情逐漸疏遠。

心理學研究發現，人們對待家人往往比對待朋友或同事更隨意，甚至在情緒低落時，會將壓力與怒氣發洩在家人身上。然而，一段健康的關係，不僅需要愛與承諾，更需要謙和與尊重。

高特曼曾指出，長期的輕蔑、批評與不耐煩，是導致親密關係破裂的主因。因此，謙和的態度不僅是維繫感情的關鍵，更是讓家庭氛圍溫暖和諧的重要元素。

尊重與包容，讓感情更加穩固

許多人在職場上懂得維持禮貌，卻在家庭中忽略了這點。例如，在公司開會時，我們不會隨意打斷同事的發言，但回到家裡，卻可能不耐煩地打斷伴侶的話：「這件事你說過很多次了！」

我們不會隨意拆閱同事的信件，但有些人卻會查看伴侶的手機或訊息，甚至認為這是「親密關係」的表現。這些行為雖然出於關心，但若缺乏基本的尊重，只會讓對方感到不被信任。

試著以對待貴賓的態度對待家人。例如：

第 13 堂課　家是幸福的起點

（1）傾聽而不打斷

當伴侶或家人分享一天的經歷時，耐心聆聽，而不是急著插話或給建議。

（2）尊重個人空間

即使關係親密，也應給予彼此一定的隱私與獨立性。

（3）使用溫和的語氣

即使有不滿，也可以用平和的語調表達，而非大聲斥責或冷嘲熱諷。

長期下來，這些細節將讓家庭關係更加穩固，讓家成為真正放鬆與安心的地方。

溫和溝通，避免無謂的衝突

有時候，生活的壓力讓我們不自覺地把情緒發洩在最親近的人身上。例如，在工作中遇到挫折後，有些人會回家對伴侶或孩子發火，甚至說出傷人的話：「你就不能幫點忙嗎？」

這樣的行為，不僅不能解決問題，還會讓家人無端受到情緒波及，長期下來，家庭關係會變得緊張。

荷蘭有一種傳統習俗——人們進入家門前，會先在門口脫下鞋子，象徵將一天的煩惱留在門外。我們可以學習這種心態，試著在進家門前，深呼吸幾次，提醒自己：「家是休息與愛的地方，不是發洩情緒的場所。」

如果確實感到壓力大,可以用較為溫和的方式表達:「今天工作真的很累,我需要一點時間冷靜一下。」這樣既能讓家人理解你的狀態,也能避免因衝動發言而後悔。

小事累積,讓關係更加親密

有時候,我們以為幸福來自大事件,如結婚紀念日的慶祝、昂貴的禮物等,但真正影響關係的是日常的小細節。

芝加哥一位家庭心理學家曾指出:「簡單的一個擁抱、早晨的一聲問候,甚至是一句『謝謝』,都比昂貴的禮物更能讓感情長久。」

有些人可能會認為:「我們已經這麼熟了,還需要客套嗎?」然而,感情的經營,就像澆花一樣,若缺乏細心照顧,再深厚的情感也可能枯萎。

以下是一些簡單但有效的做法:

(1) 每天至少說一句感謝的話:「謝謝你今天做的晚餐」、「感謝你一直這麼支持我」。

(2) 偶爾給予小驚喜:不一定要昂貴的禮物,一封簡單的手寫紙條、一杯親手泡的咖啡,都能讓對方感受到被重視。

(3) 記住重要的日子:不一定要大肆慶祝,但記得對方的生日、紀念日,哪怕只是一句溫馨的話語,也能讓對方感受到你的心意。

第 13 堂課　家是幸福的起點

這些看似微不足道的小事，卻能讓彼此的關係更加穩固，讓愛意在日常點滴中累積。

成功的婚姻，比事業更值得經營

許多人在職場上投入大量時間與心力，卻忽略了婚姻與家庭的經營。

心理學家研究發現，婚姻幸福的人，通常在職場上的表現也較好，因為穩定的情感支持，能讓人更有動力面對挑戰。然而，如果長期忽視家庭，即使事業成功，內心仍可能感到孤獨與失落。

許多事業成功的人，在晚年回顧時，往往感嘆：「我花太多時間在工作上，卻沒好好陪伴家人。」這提醒我們，家庭與事業並不是對立的，而是需要平衡與經營的。

無論多忙，試著每天留些時間與家人相處。例如：

（1）每天用幾分鐘的時間與伴侶或家人聊聊天，不只是討論家務，而是真正關心對方的感受。

（2）每週至少安排一次共同的活動，如一起散步、看電影、煮飯等，讓彼此有更多的連結。

（3）在重要時刻陪伴對方，無論是生日時的一頓晚餐，或是對方需要支持的時刻，都要讓對方知道，他的重要性不亞於你的事業。

家庭與感情，是人生中最重要的「事業」。經營好這份關係，才能真正擁有內心的滿足與幸福。

許多人以為，愛情與婚姻的幸福來自於浪漫或金錢，但真正決定一段關係是否長久的，是日常的謙和與尊重。

當我們學會以尊重的態度對待伴侶，學會用溫和的方式表達感受，並在日常中積極經營關係，那麼幸福不再只是偶然，而是可以被創造與維持的。

6. 適可而止，避免嘮叨

在親密關係中，言語是維繫感情的重要工具，但如果使用不當，反而會成為阻礙幸福的絆腳石。不論是伴侶、親子，甚至是朋友之間，過度的指責、抱怨或批評，都可能讓對方感到壓力與挫折，甚至導致關係的惡化。

當溝通變成一種情緒發洩，而非真正的交流時，無論說話者的初衷多麼善意，最終只會讓對方選擇逃避，甚至關閉心扉。因此，我們需要學習如何用更溫和、建設性的方式表達需求，而非讓對話淪為爭執的導火線。

第 13 堂課　家是幸福的起點

過度的抱怨無助於改變對方

在一段關係中，無論是哪一方，長期面對過多的批評與抱怨，心裡都會產生抗拒。婚姻關係中的四大殺手之一就是「持續的批評」，它會讓人覺得自己總是不夠好，甚至產生自我懷疑。

艾莉與浩文結婚五年，起初關係甜蜜而充滿活力。然而，隨著時間推移，艾莉開始對浩文的生活習慣產生不滿，例如沒有整理衣物、工作忙碌而忽略家庭等。她希望透過不斷提醒來改變浩文，卻不自覺地將語氣變成了指責，例如「你為什麼總是不收衣服？」或是「你到底有沒有把家放在心上？」。

結果，浩文開始變得更加冷淡，不再願意與艾莉分享日常瑣事，甚至刻意延後回家時間，以避免爭執。他並不是不在乎家庭，而是覺得自己無論怎麼做都無法讓艾莉滿意，因此選擇了逃避。

這樣的情境在許多關係中屢見不鮮。當一方希望透過不斷提醒來改變對方，卻忽略了對方的感受時，往往會造成反效果。

無休止的指責讓愛變質

有時候，我們並非刻意要傷害對方，而是因為關心，才希望對方能做得更好。然而，如果這種表達方式過於負面，會讓關係逐漸變得緊張。

文慧是一位細心的母親，總是希望孩子能表現得更好。她

6. 適可而止，避免嘮叨

每天提醒兒子宇翔「功課寫了嗎？」、「考試準備好了嗎？」、「這次如果再考不好，就別想玩手機了！」她認為這樣能讓孩子進步，然而宇翔卻開始對學習產生壓力，甚至變得抗拒與母親交流。他覺得自己無論怎麼努力，都無法達到母親的標準，於是選擇沉默，不願與家人分享自己的想法。

這樣的情境不僅發生在親子關係中，也可能出現在伴侶或朋友之間。當一個人感受到的都是來自對方的負面評價，而非鼓勵與支持時，關係將會逐漸疏遠。

溫和的溝通比強硬的語言更有力量

與其一再強調對方的問題，不如嘗試用更正面的方式來表達。例如，改變措辭，從「你總是這樣，真讓人受不了」變成「我希望我們可以一起找到更好的方式處理這件事」，這樣的表達方式不僅能減少對方的防備，也能讓問題更容易獲得解決。

幾個有效的溝通技巧包括：

(1) 使用「我」開頭的句子，例如「我希望我們能多一些相處的時間，你願意一起討論解決辦法嗎？」比起「你每次都這麼晚回家，根本不在乎我！」更容易被接受

(2) 避免絕對化的語言，例如「有時候我會希望你能多表達你的關心，這讓我覺得更被愛」，比起「你從來不關心我！」更能促進溝通

(3) 用鼓勵代替責備，例如「這次雖然有點小失誤，但你的努力我都看見了，下次我們可以再更細心一點」，比起「你怎麼這麼粗心？」更有助於建立信任感

當我們學會更溫和地表達自己的需求，而非讓對方感覺被攻擊，溝通將會變得更加順暢。

適時給予空間，讓感情有呼吸的餘地

人際關係就像是一盆植物，過度澆水反而會讓植物枯萎。同樣地，過度的關注、質疑，甚至過分的干涉，可能會讓關係變得壓迫，讓對方感到喘不過氣來。

人類學家愛德華·霍爾（Edward T. Hall）曾提出「個人空間理論」，指出每個人都需要一定的心理空間，當這個空間受到侵犯時，人們會本能地感到不安，甚至產生抗拒行為。因此，在關係中，適時地給予對方空間，不僅能讓彼此有時間消化情緒，也能讓愛變得更加自在。

學習信任對方，避免過度監控，例如「我相信你的判斷，有任何需要我幫忙的地方都可以告訴我」，比起「你今天跟誰見面？聊了什麼？為什麼沒回訊息？」來得更健康

讓對方有時間獨處，不要時常打擾，例如「如果你需要自己的時間，我可以理解，我們晚點再聊」，比起「為什麼你現在不理我？你是不是不愛我了？」更能維繫長遠的感情

6. 適可而止，避免嘮叨

適時的空間，能讓關係變得更穩固，而非令人窒息。

在親密關係中，抱怨、指責、喋喋不休，往往並不是解決問題的方法，反而會讓問題更加嚴重。真正有效的溝通，是在尊重彼此的基礎上，以溫和、建設性的方式來表達需求。

如果我們能夠學會使用更正向的語言，給予彼此足夠的空間，並以理解代替批評，那麼關係將會更加和諧，愛也能長久地維繫下去。

第13堂課　家是幸福的起點

第 14 堂課

溝通與表達的藝術

對於一位演講者而言,最重要的不是技巧,而是態度。

—— 卡內基

1. 善用幽默

演講不僅僅是傳遞資訊,更是一種藝術。優秀的演講者不僅要擁有豐富的知識與表達能力,更需要懂得如何與聽眾建立連結。幽默正是其中最有效的技巧之一。適時運用幽默,可以緩解緊張的氛圍、增加聽眾的參與感,甚至加深演講內容的影響力。

幽默並不僅僅是開玩笑,而是一種巧妙的表達方式。它可以使嚴肅的議題變得容易接受,也能讓聽眾更願意聆聽你的觀點。許多成功的演講家,都善於運用幽默來活絡氣氛,讓內容更具說服力。

第14堂課　溝通與表達的藝術

幽默提升知識的可吸收性

演講的核心是溝通,而好的溝通者懂得如何讓訊息變得更易理解與記憶。幽默正是一種能夠強化學習效果的技巧,透過簡單風趣的故事或比喻,幫助聽眾輕鬆掌握複雜的概念。

一位高中老師在向學生解釋不同階層的思考方式時,舉了一個生動的例子。有四個人正在一座寺廟避雪,其中包括一名商人、一位學者、一名地主和一名佃農。

當大雪紛飛時,商人感嘆:「這場雪讓我的生意更難做了。」

學者則說:「這正是皇家瑞氣。」

地主滿不在乎地說:「再下三年也無妨。」

然而,佃農聽後大怒:「你這是放狗屁!」

這個故事讓學生瞬間理解了社會階級的差異,而幽默的結尾更讓知識點變得深刻易記。

幽默讓說服力更強

當演講涉及較為嚴肅的議題時,直接陳述可能會讓聽眾感到壓力。然而,如果能夠透過幽默來呈現觀點,將能有效減少對方的防備心,提高說服力。

列寧曾在演講中批評當時的政府策略:「現在,他們的做法就像一個試圖用一條水龍帶來撲滅整座燃燒城市的消防員。」這句話不僅形象生動,更讓聽眾直觀地理解政策的荒謬之處。

1. 善用幽默

幽默縮短演講者與聽眾的距離

好的演講者知道,與聽眾建立連結是成功的關鍵。過於嚴肅的語氣容易讓人感到拘束,而幽默則能迅速拉近彼此的距離。

臺灣知名主持人凌峰曾在節目上說:「很高興又見到大家,也很不幸你們又見到我了。」這樣自嘲的開場白讓觀眾迅速放鬆,並引起共鳴。幽默的開場不僅能讓人留下好印象,也能為後續的內容鋪路。

幽默幫助處理敏感話題

有些話題可能讓人感到沉重或難以啟齒,例如愛滋病防治、環保議題、甚至政治問題。在這些場合,幽默能夠讓嚴肅的討論變得更具親和力,減少聽眾的不適感。

例如,一位醫生在籌款演講中提到:「大家都擔心健康,但沒人喜歡談醫療費用。我曾經遇過一位病人,他問我:『醫生,我的情況嚴重嗎?』我回答:『你可以選擇治療費較低的方案,或者選擇貴一點的,但效果比較好的方案。』結果病人說:『那我選擇一種讓我不需要再煩惱醫療費的方案。』」這樣的幽默雖然輕鬆,卻巧妙地點出醫療成本的問題,讓聽眾更容易接受這個議題。

第 14 堂課　溝通與表達的藝術

幽默強化重點並提升記憶度

演講的目的是讓人記住你的話，而幽默往往是最好的記憶輔助工具。一個風趣的比喻，往往比生硬的數據更能讓人印象深刻。

作家林語堂曾在一次演講時說：「演講應該像迷你裙，越短越好！」這句話不僅讓全場哄堂大笑，也讓聽眾牢記他對「簡潔有力」這一原則的重視。

另一個例子來自美國航空先驅萊特兄弟（Wright brothers）。當他們在法國的一場晚宴上被要求發表演講時，哥哥威爾伯·萊特說：「據我們所知，鳥類中唯一會說話的是鸚鵡，但鸚鵡飛得並不高。」這句話簡短卻富含哲理，輕鬆點出了行動比空談更重要的道理。

幽默使演講更具感染力

當演講內容充滿枯燥的數據或學術分析時，聽眾很容易失去興趣。然而，若能適時加入幽默元素，就能有效激發聽眾的興趣，甚至讓他們樂於參與。

美國前總統隆納·雷根（Ronald Reagan）在一場演講中提到：「有些人覺得政府能解決所有問題，但事實上，當你聽到政府官員對你說『我們來幫你』時，這通常意味著你將遇上更大的問題。」這句話用詼諧的方式表達對官僚體制的批評，使得嚴肅的政治話題變得生動且易於接受。

1. 善用幽默

如何在演講中恰當運用幽默

想要在演講中有效地使用幽默,並不是隨意加入笑話就能達成效果,而是需要掌握適當的時機與技巧。

(1) 幽默要符合主題

幽默應該與演講內容相關,而非刻意搞笑。例如,如果你的演講主題是環保,講一個關於綠色生活的幽默故事會比無關的笑話更有影響力

(2) 幽默應該自然流露

不要過度強調幽默,否則可能會讓聽眾覺得你在刻意取悅,而失去信任感。自然流露的幽默能讓你顯得更有親和力

(3) 幽默不能冒犯聽眾

避免涉及種族、性別、宗教或其他敏感話題的幽默,以免引起反感或爭議

(4) 幽默應該簡短有力

過於冗長的笑話可能會分散聽眾的注意力,因此幽默應該點到為止,讓人一聽就懂

幽默不只是逗樂的工具,更是一種讓演講生動、易懂且令人印象深刻的技巧。適當的幽默可以提升演講的吸引力,縮短演講者與聽眾之間的距離,甚至強化演講的說服力。當我們學會運用幽默,就能讓演講更具影響力,並真正達到「說人信、讓人服」的效果。

2. 如何打動人心

演講的目的不僅是傳遞資訊，更重要的是讓聽眾接受你的觀點，進而產生共鳴，甚至改變行動。以下幾種技巧可以幫助你提升說服力，使你的演講更具吸引力，真正攻占聽眾的心。

巧妙運用換喻，讓概念更具說服力

許多時候，數字或概念過於龐大，難以讓聽眾感同身受，這時可以透過換喻（類比或轉換大小單位）來增強理解與說服力。例如，某家保險公司的經理在推廣保險時，這樣向客戶解釋保費的價值：

「假如一位 30 歲的男性，每天省下一杯咖啡的錢，存作保險費，他退休時就能擁有一筆可觀的養老基金。如果一位 35 歲的人戒掉每天的香菸費，這筆錢不但能讓他活得更健康，還能留給家人一筆數千萬元的保障。」

這樣的說法，比單純告訴對方「每年存 3 萬元」更能打動人心。因為當大數目被分解成日常的小額支出時，聽眾會更容易接受。

同樣的道理，小數目累積起來也可以顯得很龐大。一位電話公司職員曾用這種方式提醒人們減少不必要的通話時間：

「每 100 個接電話的人中，有 7 個人會在鈴聲響了超過 1 分

鐘後才接聽。看似微不足道，但每天這樣累積下來，等於浪費了全國上百萬分鐘的寶貴時間。換算成歷史時間，這等於從哥倫布發現新大陸以來，每天所有人合計的工作時間完全被浪費掉了。」

這種說法把時間的浪費轉換成一個驚人的歷史尺度，讓人印象深刻，也更容易接受「減少通話時間」的建議。

善用數字與情境，讓數據更具感染力

數據本身是沒有情感的，但透過生動的敘述方式，能讓人更容易理解與記住。例如，在討論飯店業的規模時，可以這樣表達：

「這座城市擁有 1 萬 5 千間四星級飯店客房。」（普通表述）

「如果讓一個人每天住一間這座城市的飯店房間，他要花上 40 年才能住遍所有房間。」（生動表述）

這樣的描述不僅讓數字變得更具體，也讓聽眾對這個資訊留下深刻印象。

另一個例子是描述戰爭的成本。

與其說「二戰期間英國花費了 3,400 億美元」，不如這樣表達：

「從哥倫布發現新大陸至今的 500 多年來，若是每分鐘花費 68 美元，那麼總金額才相當於英國在二戰期間所耗費的資金。」

這樣的換算方式，讓聽眾更容易感受到戰爭的龐大經濟負擔。

適當重複，加深記憶

重複是一種強而有力的說服技巧，但必須有技巧地運用。優秀的演講者會重複關鍵訊息，使其深植人心。例如，美國公民權運動領袖馬丁・路德・金恩（Martin Luther King Jr.）在《我有一個夢》（*I have a dream*）的演講中，不斷重複「I have a dream」，這不僅強化了主題，也讓聽眾逐漸產生共鳴。

然而，重複必須具有變化，不能單純重覆相同句子，否則容易讓人感到乏味。例如，可以透過不同的措辭，從不同角度去強調同一個概念：

「我們需要行動，現在就需要行動。」

「不僅是未來，而是今天，我們必須採取行動。」

「這不是等到某天要做的事，而是此刻，立即行動。」

這樣的重複，能讓核心訊息更有力道，而不會讓聽眾感到厭煩。

使用具體案例，讓抽象概念變得鮮活

單純陳述一個觀點或數據，遠不如透過故事或實例來說服人。例如，如果你想傳達「成功人士往往生活勤儉」這個觀點，與其說：「許多富人過著勤儉的生活。」

不如提供實際例子：

2. 如何打動人心

「李嘉誠經營數十家公司,但長年保持簡單的飲食習慣,從不鋪張浪費。」

這些具體事例,比單純陳述概念更能讓聽眾接受,因為它們不僅可驗證,還能讓人產生畫面感,從而留下更深的印象。

引發情感共鳴,讓聽眾產生行動

最有影響力的演講,不僅僅是讓人認同,還能促使人們行動。想要引發行動,演講者需要引起聽眾的情感共鳴。例如,在推動慈善捐款時,與其說:「這個基金會每年幫助 10 萬名貧困兒童。」

不如這樣表達:

「如果你今天捐出 100 元,你就能讓一名孩子不再挨餓,能夠安心上學。他們的未來,可能就因為你的善舉而改變。」

這種方式讓捐款行為變得具體可行,而不只是遙不可及的數字。當聽眾感受到「我現在可以做出改變」,行動的可能性就會大幅提高。

一場成功的演講,不只是傳遞資訊,而是要能夠打動人心、改變思維,甚至促成行動。透過換喻讓概念更具體、運用數據製造衝擊、重複關鍵訊息加深記憶、舉實例讓內容更具說服力,以及引發情感共鳴來激勵行動,你的演講將不再只是「被聆聽」,而是「被記住」,甚至「被實踐」。

3. 演講的技巧

演講是一門能夠影響人心的藝術,要想成為一位優秀的演說家,不僅需要豐富的知識與內容,更需要掌握各種有效的表達技巧。以下是幾種常見且實用的演講手法,能夠讓你的演講更具吸引力,打動聽眾的心。

運用幽默,讓演講生動有趣

幽默不僅能打破演講的沉悶氛圍,還能縮短演講者與聽眾之間的距離,使內容更具吸引力。然而,幽默並不是單純搞笑,而是應該帶有智慧和深意,讓人會心一笑的同時,也能引發思考。

例如,當演講場合氣氛緊張或混亂時,一句幽默的話可以迅速扭轉局面。俄國思想家格奧爾基・普列漢諾夫(Georgi Plekhanov)曾在日內瓦的一場演講中,遇到臺下聽眾吵吵鬧鬧,場面幾乎無法控制。他沉默片刻,掃視會場後說:「如果我們也想用這種方式回應你們,那我們來時應該帶上⋯⋯(眾人以為他會說武器或棍棒)⋯⋯帶上冷若冰霜的美女。」聽眾頓時哄堂大笑,氣氛瞬間緩和,他也成功將演講導入正題。

幽默的運用不僅限於一般場合,在政治演講中也常見其巧妙之處。美國前總統林肯以風趣幽默聞名,據說他枕邊經常放著一本《笑話集》,並擅長在嚴肅的演說中適時加入幽默,增強演講的魅力。

3. 演講的技巧

莎士比亞曾說：「幽默和風趣是智慧的體現。」一場充滿智慧的演講，往往能讓人印象深刻。

引用格言警句，為演講增添光彩

精煉的格言和警句具有高度概括力，能夠幫助演講者快速傳遞訊息，並讓聽眾深思。例如，胡適在《畢業贈言》中這樣說：

「每天看三份小報要花上一小時，打四圈麻將也要花上一小時，但每天讀幾頁書，十年後你會成為學者，這一切選擇，完全取決於你自己。」

這句話簡單有力，直接點出了時間管理與自我提升的重要性，令人印象深刻。

同樣的，亨里克‧易卜生（Henrik Ibsen）曾說：「你的最大責任是把你這塊材料鑄造成器。」這樣的話語，不僅能激勵人心，也能幫助聽眾建立清晰的目標與信念。

穿插故事，使演講更具吸引力

故事是一種最具感染力的表達方式，能夠讓演講內容更加具體，讓聽眾產生共鳴。例如，在一次演講中，一位講者提到了某工廠強制規定員工的褲管寬度，結果第二天工廠門口就出現了這樣的公告：

「為響應公司關於抵制窄管褲的號召，特成立民族服裝店，

第 14 堂課　溝通與表達的藝術

專做傳統寬褲，男女皆宜，前後不分，穿著方便，黑白分明，無需腰帶，只需吸氣收腹，左右一抿，往內一掖，然後放鬆肚皮，即可固定！」

這則故事不僅讓聽眾捧腹大笑，也讓人深刻體會到強制規定可能帶來的荒謬結果。透過故事，演講者能夠更有效地傳達理念，使觀眾更容易記住演講內容。

抒發真摯情感，引發共鳴

演講的魅力在於能夠感染人心，除了理性論證之外，感性的表達同樣重要。抒情手法可以幫助演講者拉近與聽眾的距離，讓觀眾在情感上產生共鳴。例如，在描述自己對家鄉的熱愛時，一位演講者這樣說：

「掀開歷史塵封的記憶，踏上故鄉那片土地，感受溫暖的陽光灑落，我來了！從遠古的神話傳說中走來，像一隻振翅高飛的金雞，我飛進了這片繁華之鄉。」

這樣的表達，不僅讓人聽見了聲音，甚至能夠想像畫面，激發聽眾的情感共鳴。

創造懸念，吸引注意力

懸念法是一種極具吸引力的演講技巧，透過設問或製造疑問，可以勾起聽眾的興趣。例如，在一場演講比賽中，當其他

選手都按照常規模式開場時,一位選手選擇這樣開場:

「我想請問大家一個問題——如果只能用一個字來概括年輕人和國家的關係,你會選擇哪一個字?」

這樣的開場方式,立即引起了聽眾的注意,使他們專注於思考答案,從而更加投入演講內容。

懸念法還可以運用設問技巧,例如:

「我們總是說時間寶貴,但究竟有多少人真正懂得如何珍惜時間?」

「如果你今天必須做出一個決定,將影響你未來十年的生活,你會如何選擇?」

這些問題不僅能夠吸引聽眾的注意,還能引導他們深入思考,進而更容易接受演講者的觀點。

掌握演講的藝術手法,能夠幫助你在臺上更加自信地表達自己,並有效傳遞訊息。透過運用幽默、引用格言、穿插故事、抒發情感、創造懸念等技巧,你的演講將不僅具備說服力,更能夠觸動人心,真正影響聽眾的思維與行動。

4. 演講的核心是真誠與情感

演講不僅是一種溝通技巧,更是一種能夠感染人心的藝術。而真正打動聽眾的,不只是演講者的語言技巧,而是他內心真

摯的情感。當演講者能夠投入自己的情感，與聽眾產生共鳴時，才能真正發揮演講的力量。

讓演講更具說服力

情感是演講的核心，正如古語所說：「功成理定何神速，速在推心置人腹。」一場成功的演講，最重要的是真誠。真誠不僅是對觀眾負責，更是讓話語具有影響力的關鍵。演講者的情感如果只是裝出來的，聽眾很快就能察覺，並且難以產生共鳴。

知名作家余秋雨曾在四川大學演講時，講述了一位音樂教授的故事。這位教授病重時，他的學生們放棄國外的合約，回到上海為他做最後一次演出。許多市民，不論是否懂音樂，都購票入場，因為他們想讓孩子知道何謂音樂，何謂師生情誼。當這位教授去世時，上海龍華一帶的花店被搶購一空，鮮花堆滿了病房與走廊……這段故事深深觸動了聽眾的心，引起強烈的共鳴，使在場觀眾感受到崇高的情感氛圍。

演講中的情感應當自然流露

演講時，演講者的每一句話、每一個詞語，應該來自內心，而非刻意營造。例如，希臘著名演說家狄摩西尼（Demosthenes）在國家面臨危機時，曾發表熱情激昂的演說：「即使所有民族都願意忍受奴役，我們仍應為自由而戰！」這樣的語言並

4. 演講的核心是真誠與情感

非刻意設計,而是真正來自內心的愛國情感,因此才能夠打動聽眾,激勵無數人直接從演講現場奔赴戰場。

同樣,美國前總統林肯以真誠著稱。他曾說:「你可以在某些時候欺騙所有人,也可以在所有時候欺騙某些人,但你無法在所有時候欺騙所有人。」這句話雖簡單,但卻因為真誠而讓人信服。演講者若只是追求華麗的詞藻,而缺乏真情實感,最終只能流於空洞,難以留下深刻印象。

真情實感是演講的最佳技巧

演講技巧雖然重要,但最好的技巧就是誠懇。二戰期間,英國首相邱吉爾曾發表過一次著名的動員演說。在準備講稿時,他竟然像小孩一樣哭得涕淚橫流。正是這樣的真情流露,使他的演講極具感染力,激勵了整個英國人民,使他們在戰爭中堅持不懈。

美國有位小說家曾說:「熱情是每位藝術家的祕訣,而演說者也是藝術家。」真正的熱情無法偽裝,聽眾能夠感受到演講者內心的誠意與激情,而這種熱情才是演講最強大的力量。

控制情感,避免過度表現

雖然真情流露是演講的關鍵,但演講者仍然需要適度控制自己的情緒,以確保演講的完整性與流暢度。有些演講者在激

動時可能會失控,例如哭泣到無法繼續講話,或者過度憤怒而語無倫次。這樣的情緒表現可能讓聽眾無法理解演講的核心內容,反而影響演講效果。

蘇聯領導人尼基塔·赫魯雪夫(Nikita Khrushchev)曾在聯合國大會上發表演說,本來表現十分出色,但在激動之下,他竟然脫下一隻鞋子敲打桌子,以示強烈抗議。這樣的行為讓全場譁然,也讓他的演講失去了應有的說服力。這個例子告訴我們,雖然情感能夠提升演講的感染力,但若是情緒過於失控,則可能適得其反。

適度的情感表現才能真正打動人心

真正優秀的演講者,能夠在真情流露與理智控制之間取得平衡。他們知道如何讓自己的情感自然流露,而不至於過度激動。例如,一位大學生曾在演講時說:「在生活中,有稜角的人常常遭受批評,但一個從不被質疑的人,往往是個平庸的人。世界在爭議中被認識,真理在爭議中確立。」這段話雖然充滿激情,卻仍然保持冷靜理智,因此更能說服聽眾。

心理學家曾說:「不僅要知道坦誠的重要性,更要知道何時坦誠,以及坦誠的程度。」演講者應該掌握這個平衡,讓自己的情感適時流露,卻不至於影響演講的主題與結構。

一場成功的演講,不在於華麗的詞藻,而在於演講者內心的真誠。當你用發自內心的情感來說話,聽眾就會被你的熱情

感染，進而產生共鳴。無論是鼓舞人心的動員演說，還是溫暖感人的故事分享，真情實感始終是演講最有力的武器。透過適當的控制與表達，你將能夠真正打動人心，讓你的話語成為影響他人的力量。

5. 演講需要完美收尾

結尾是走向成功的最後一步。把握得好，就會留給聽眾深刻的印象；把握不好，就會功虧一簣，令人掃興。

結尾和開頭一樣，是演講中最具策略性的一環。俗話說：「編筐編簍，全在收口。」演講的結尾不僅是對內容的總結，更承擔著深化主題、強化印象的重任。一個成功的結尾應該具有文采、堅定有力，能讓演講昇華，使聽眾產生共鳴，甚至久久不能忘懷。

2005 年，蘋果公司創辦人史蒂夫‧賈伯斯在史丹佛大學畢業典禮上發表了一場影響深遠的演講。他以「今天，我想告訴你們我生命中的三個故事」開場，分享了關於人生抉擇、愛與失去，以及死亡與珍惜人生的經歷。在結尾時，他引用了一句話：「求知若飢，虛心若愚。」（Stay hungry, stay foolish.）這句話成為許多人奉行的人生座右銘，也讓整場演講達到情感與思考的巔峰。這樣的收尾方式不僅總結了演講的核心思想，也在聽眾心

第14堂課　溝通與表達的藝術

中留下了強烈的印象。

2008年，美國總統當選人巴拉克・歐巴馬（Barack Obama）在芝加哥發表勝選演說。整場演講強調變革與團結，鼓勵美國人民共同迎接未來的挑戰。在結尾時，他用堅定而激勵人心的語調反覆強調：「是的，我們可以！」（Yes, we can!）這句話讓在場群眾情緒高昂，全場爆發出雷鳴般的掌聲。「Yes, we can」成為當時美國社會的象徵性口號，也充分展現了演講結尾激發高潮的力量。

2013年，巴基斯坦教育活動家瑪拉拉・尤沙夫賽（Malala Yousafzai）在聯合國發表演講，呼籲全球關注女童受教育的權利。她以自己的親身經歷為例，強調知識對於個人和社會的重要性。在演講的結尾，她說：「一本書，一支筆，一個孩子，一位老師，都能改變世界。」（One book, one pen, one child, and one teacher can change the world.）這段話深深打動了在場的聽眾，並成為全球教育倡議運動的象徵。

這些演講案例都充分說明了激發高潮是結束演講的一種有效方法。演講應該逐步推進，在結尾時達到高峰，讓最後的幾句話成為最具力量的語句。

演講收尾的方法

(1) 總結觀點，在深刻印象中結束演講

當演講即將結束，聽眾對你的觀點、態度以及內容基本掌握時，便應適時收尾。「收口」的好壞，決定了聽眾對整場演講的印象。成功的結尾可以補足演講中可能存在的不足，並強化聽眾的記憶。

(2) 戛然而止，意味深長

當演講到達高潮時，聽眾的情緒飽滿、注意力高度集中，這時果斷收尾，能留下深刻印象。

(3) 借用名言警句結尾

如果能找到合適的名言警句作為結尾，將能增添演講的力量，使其更具深度與感染力。

演講的結尾是整場演講中至關重要的一環，它能決定聽眾是否能被真正打動、是否能記住你的話語。無論是透過重點總結、戛然而止還是借用名言警句，都應該讓聽眾在最後一刻感受到演講的力量，達到共鳴與昇華。最成功的演講者，往往善於掌握這最後的幾分鐘，將情緒推向最高點，使演講成為一場無法被遺忘的經典。

國家圖書館出版品預行編目資料

省力成功法，別再只會埋頭苦幹！影響他人 × 管理情緒 × 精準表達……14 堂課教會你人生的成功之道，讓機會、財富、成就主動來敲門 / 陳博祥 著 . -- 第一版 . -- 臺北市：財經錢線文化事業有限公司 , 2025.04
面；　公分
POD 版
ISBN 978-626-408-244-0(平裝)
1.CST: 自我實現 2.CST: 成功法
177.2　　　　　　　　　114004426

電子書購買
爽讀 APP

省力成功法，別再只會埋頭苦幹！影響他人 × 管理情緒 × 精準表達……14 堂課教會你人生的成功之道，讓機會、財富、成就主動來敲門

臉書

作　　者：陳博祥
發 行 人：黃振庭
出　　版：財經錢線文化事業有限公司
發　　行：崧燁文化事業有限公司
E - m a i l：sonbookservice@gmail.com
粉 絲 頁：https://www.facebook.com/sonbookss/
網　　址：https://sonbook.net/
地　　址：台北市中正區重慶南路一段 61 號 8 樓
8F., No.61, Sec. 1, Chongqing S. Rd., Zhongzheng Dist., Taipei City 100, Taiwan
電　　話：(02) 2370-3310　　傳　　真：(02) 2388-1990
印　　刷：京峯數位服務有限公司
律師顧問：廣華律師事務所 張珮琦律師

-版權聲明-
本書作者使用 AI 協作，若有其他相關權利及授權需求請與本公司聯繫。
未經書面許可，不可複製、發行。
定　　價：375 元
發行日期：2025 年 04 月第一版
◎本書以 POD 印製